国务院发展研究中心研究丛书 **2014**

丛书主编▪李 伟

构建新型国有土地经营体系

Build a New Model of State-Owned Land Management System

邵 挺 著

中国发展出版社

CHINA DEVELOPMENT PRESS

图书在版编目（CIP）数据

构建新型国有土地经营体系/邵挺著.—北京：中国发展出版社，
2014.8

（国务院发展研究中心研究丛书/李伟主编.2014）

ISBN 978-7-5177-0205-4

Ⅰ.①构⋯ Ⅱ.①邵⋯ Ⅲ.①国有土地—土地经营—经营体系—
研究—中国 Ⅳ.①F321.1

中国版本图书馆 CIP 数据核字（2014）第 154185 号

书　　　名：构建新型国有土地经营体系
著作责任者：邵　挺
出 版 发 行：中国发展出版社
　　　　　　（北京市西城区百万庄大街 16 号 8 层　100037）
标 准 书 号：ISBN 978-7-5177-0205-4
经 销 者：各地新华书店
印 刷 者：北京科信印刷有限公司
开　　　本：700mm×1000mm　1/16
印　　　张：12.75
字　　　数：140 千字
版　　　次：2014 年 8 月第 1 版
印　　　次：2014 年 8 月第 1 次印刷
定　　　价：32.00 元

联 系 电 话：(010) 68990630　68990692
购 书 热 线：(010) 68990682　68990686
网 络 订 购：http：//zgfzcbs.tmall.com//
网 购 电 话：(010) 88333349　68990639
本 社 网 址：http：//www.develpress.com.cn
电 子 邮 件：bianjibu16@vip.sohu.com

总 序

积极发挥智库作用　全力为改革服好务

国务院发展研究中心主任、研究员　李伟

　　去年 11 月召开的党的十八届三中全会，掀开了中国改革开放新的篇章，标志着中国进入全面深化改革的历史新阶段，对于全面建成小康社会、实现中华民族伟大复兴的中国梦具有重大而深远的指导意义。

　　改革的成功，需要正确的方向和可行的方法。过去三十多年的实践表明，中国特色的改革道路，以"三个有利于"为标准，既坚持了正确的方向，又找到了可行的方法。进入新时期的改革，涉及面更为广泛，调整利益格局更加艰难。我们必须以全球视野、战略思维，深化改革理论研究，密切结合世情国情，积极关注社情民意，科学认识全球结构调整和体制变革的方向、趋势，正确认识和把握民众诉求，遵循经济社会发展的规律，提升驾驭改革的综合能力，确保三中全会提出的各项改革任务圆满完成。为此，需要特别处理好理论指导与实践探索、加强党的统一领导与发挥各方创造性、积极果敢与稳妥推进、效率与公平、经济体制改革与社会体制改革等方面关系。

经济体制改革是全面深化改革的重点，其核心是处理好使市场在资源配置中起决定性作用和更好发挥政府作用的关系，而使市场发挥决定性作用是当前改革的主要矛盾方面。当前，我国经济正处在向中高速增长阶段转换的关键期。增长阶段转换表面上看是速度的换挡与调整，但在本质上是增长动力的转换与接续。我国经济能否在一个新的增长平台上良好运行，规模与质量、速度与效益的关系达到一种新的平衡，关键在于切实转变发展方式和着力培育经济增长新动力。

今年以来，我国在经济下行压力加大、局部风险开始显露的同时，结构调整取得积极进展，表现为服务业发展势头良好，消费对经济增长的贡献提高，就业状况不断改善等。这些积极变化也反映了我国经济正在向新常态平稳过渡。在此情况下，我们要充分地认识到改革举措有供给侧和需求侧之分，有见效慢和见效快之别。在抓好相对慢变量重大改革的同时，适当加大需求侧的改革措施，进一步发挥扩需求、稳增长的作用，与促进需求政策形成合力效应，通过换机制、调结构，着力培育增长新动力。

具体而言，近期，应以调整投资结构、稳定投资增速、化解金融风险为重点，积极推进相关重点领域改革和政策调整。如清理规范地方融资平台，推进地方政府合规融资；发挥政策性金融机构对住房和基础设施建设的支持作用；推动资产证券化，盘活存量；做好舆论引导、风险隔离、社会保障等配套工作，积极化解局部风险；与结构性减税政策相结合，积极推进加速折旧；治理产能过剩，推动产业结构调整等等。

中长期，则应把有利于稳增长、调结构、促转型的重大改革放在优先位置。推动以破除行政性垄断、促进竞争为重点的基础产业领域改革，提高非贸易部门的效率；围绕降低企业综合成本，推动土地、金融、流通、知识产权保护等领域改革，增强企业盈利能力，促进企业转型升级；加快服务业的对内、对外开放，破除各种隐性壁垒，形成平等进入、公平竞争的市场环境；适当提高中央政府债务占 GDP 的比重和当年财政赤字率，利用中央政府的负债潜力，加大社会公共服务设施建设，缓解地方政府和企业现实的债务压力。

十八届三中全会通过的《中共中央关于全面深化改革若干重大问题的决定》明确提出：加强中国特色新型智库建设，建立健全决策咨询制度。去年 4 月和今年 1 月，习近平总书记两次对智库建设和国务院发展研究中心的工作作出重要批示，明确指出智库是国家软实力的重要组成部分，要高度重视、积极探索中国特色新型智库的组织形式和管理方式；要求我们要紧紧围绕推进全面深化改革等重大任务，不断增强综合研判和战略谋划能力，提高决策咨询服务质量和水平。

国务院发展研究中心作为直接为党中央、国务院重大决策提供研究咨询服务的智库机构，在过去一年中，紧紧围绕中央的工作中心，牢牢把握为中央决策服务的根本方向，立足全局、突出重点、发挥优势、创新体制，以深入开展党的群众路线教育实践活动为契机，以全面推进"一流智库"建设为抓手，以提高政策咨询研究的质量和水平为重点，坚持中长期重大课题研究与当前经济社会发展热点难点问题研究相结合，完成了一批具有较高政策价值和较大社会影响力的研究成果，推动形成了一系列经济社会发展新政策新举措，为中央决策服务取得了新成绩。

"国务院发展研究中心研究丛书"迄今已是连续第五年出版。五年来，我们获得了各级领导同志和社会各界读者的热情关注与支持。特别是去年的丛书出版后，受到国务院领导同志的高度肯定。这是对我们继续做好工作的重要鼓励与鞭策。

今年的"国务院发展研究中心研究丛书"共 16 部著作。其中：《追赶接力：从数量扩张到质量提升》是国务院发展研究中心 2013～2014 年度的重大研究课题报告，深入分析了中国经济增长方式的转变路径与方法；《中国新型城镇化：道路、模式和政策》、《从城乡二元到城乡一体：我国城乡二元体制的突出矛盾与未来走向》等10 部，是国务院发展研究中心各研究部（所）的重点课题研究报告；此外，还有《中国电子商务的发展趋势与政策创新》等 5 部优秀招标课题研究报告。

这套丛书是国务院发展研究中心过去一年研究成果的优秀代表，但其中可能还存在着种种不足。衷心期望社会各界提出宝贵意见和建议，帮助我们在建设中国特色新型智库、开创政策研究咨询工作新局面、努力为全面深化改革服好务的道路上不断前进，为实现中华民族伟大复兴的中国梦做出新的更大贡献。

2014 年 8 月 18 日

引 言
Introduction

在现阶段，研究国有土地经营方式创新这一问题，主要基于两个出发点：第一个出发点是，现行国有土地经营方式已经越来越不适应新阶段我国经济社会发展的需要。我国国有土地利用管理体系的基本框架，主要是在1986年《土地管理法》中建立的，形成了现行国有土地经营的两个重要特点：一个是集权式行政管理体制。征地作为国有增量建设用地形成的唯一手段。《宪法》和《土地管理法》都先后赋予了地方政府垄断的征地权，在法理上被征地农民不能分享到土地用途转变后的增值收益。尽管近年来，征地补偿标准一再提高，早已超过法律规定"按原用途补偿30倍"的标准，但总体来说，依靠"土地财政"和"土地金融"，地方政府成为征地模式下的最大赢家，被征地农民的权益缺乏全面保障，这是无疑义的。但从最近几年看，征地所引发的经济社会风险快速累积，"要地不要人"的发展模式也造成了诸如城市"摊大饼式"发展等弊端。征地成本快速上升，加上其他成本，已占到土地出让收入的70%左右，"土地财政"空间缩小，土地抵押贷款的金融风险和地方债务风险则不容乐观。另一个特点是注重增量国有土地的扩张型经营，对庞大存量国有土地的经营管理体系建设重视不够。过去多年来，国有土地经营理念侧重在"增量用地的供应"，不那么重视"存量用地的盘活利用"。在征地制下，我国的新增国有土地供应粗放低效、不集约不节约，全国所有地区和城市的国有新增建设用地指标早已全部突破了现有国土规划制定的指标上限，"没有新增用地指标"是未来这些地区和城市发展面临的最大障碍。

总的看，原先的这套国有土地经营方式，利用政府法定的征地垄断权和基于用途管制的土地规划权，对推进工业化、城镇化的快速发展发挥了重要作用。但随着中国经济社会发展进入新阶段，传统国有土地经营模式的弊端日益显现，其不可持续性快速增加。主要体现在以下几方面：一是土地出让净收益快速下降，"土地财政"空间缩小；二是以土地出让收入和储备用地抵押作为还款来源，"土地金融"引发的地方债务和银行金融风险日益突出；三是增量扩张型经营方式对后备耕地资源的占用量过多，目前我国后备耕地资源开发潜力已接近耗尽，现有耕地的土壤污染严重；四是实际占用耕地过多，保障粮食安全的难度快速上升；五是现有增量和存量国有土地的利用效率都很低下，供应结构失衡加剧。

第二个出发点是在新阶段下我国已经具备了国有土地经营方式创新的制度条件和政策环境。十八届三中全会的《决定》中提出的"建立城乡统一的建设用地市场"，为改革国有增量土地经营机制指明了方向，由地方政府垄断的征地制不再成为国有增量土地经营的唯一方式，而是更多利用市场化手段，在土地市场交易平台上由用地者和供应者直接谈判形成土地供应。另外，像地票制度等构成的国有土地开发权转让体系，在各地成立的农村产权交易所或土地交易所里，也已运行多年，积累了较丰富的实践经验，基本具备了向全国其他地区推开的价值和能力。在存量国有土地盘活利用上，广东省的"三旧改造"、云南省的"低丘缓坡地"改造也已经试点多年，效果明显。前瞻地看，随着国有工矿用地使用权年限的逐步到来，以及城市空间的更新和产业升级，会出现大量低效利用的国有存量用地。如何提高这些存量用地的效率，实现经济社会效益的大幅改进，是今后国有土地经营面临的一个重大问题。

概括地说，改革和创新国有土地经营体系的目标就是进一步完善土地用途管制制度，建立城乡统一的建设用地市场，健全国有土地利用规划和分类经营模式。为此，需要在征地制度改革、土地储备中心改造、国有土地资本化经营和工业用地经营模式调整等方面，制定有利于国有土地新型经营体系形成和完善的政策体系。

为实现上述目标，本书提出了创新国有土地经营方式的"1个核心、2条主线、3类体系、4个突破口"的"1234"战略。1个核心是指重新界定国家与集体、个人的土地权利边界。特别是正确处理国有土地经营过程中的土地增值收益分配关系。2条主线是指转变传统国有土地经营方式和提高国有土地综合承载力。3类体系是以开发权转移为核心的国有增量用地经营模式、以城市更新为导向的国有存量用地经营模式以及以管资本为主的国有土地资产经营模式。4个突破口是指建立土地产权交易所，成立国有土地资产经营公司或基金，工业用地出让实行年租制和改革征地制度，更多利用市场化手段来经营国有土地，大幅提高国有土地利用效率。

全书研究框架如下：第一章先分析了现行国有土地经营方式的不可持续性。第二章测算了国有存量建设用地的再利用空间。第三章是典型经济体国有土地经营方式的比较。美国和新加坡分别代表两类不同的国有土地经营模式。尽管各自的国有土地经营体系存在较大差异，但在土地规划利用、土地管理、经营和土地增值收益分配等方面，都有一些值得中国借鉴的做法。第四章是阐释重庆市地票制度的演变过程，在开发权转移（TDR）的理论视角下，探讨国有增量用地的改革路径。第五章从广东"三旧改造"的国有存量用地改革实践，分析在新阶段的城市更新过程中，如何盘活利用好存量用地，形成增长新潜力。第六章在总结国内外经验和试点实践的基础上，提出下一步国有土地经营体系创新的方向与基本途径。

目　录
Contents

第一章
现行国有土地经营方式的不可持续性

　　国内现行的国有土地经营模式很大程度上借鉴了殖民地时期的香港政府经营土地的做法。2001年，国务院发布《关于加强国有土地资产管理的通知》（国发〔2001〕15号），首次提出要建立健全"国有土地资产经营管理"体系。从经营流程看，主要有三大环节：征地、收储和出让，前两个环节是行政性手段，后一个环节是市场化行为。征地制度的真正确立，是在1982年宪法规定"城市土地属于国家所有"以后。土地储备制度最早是从1996年上海成立第一家土地储备机构开始的。出让制度的一个重大改革是2003年8月31日起全面实行"招拍挂"政策（简称"8·31"大限）。在实践中，这三个环节的制度设计共同强化了政府独家垄断土地收益、独家经营城市土地的利益格局。事实上形成了"一个渠道进水，一个池子蓄水，一个口子供水"的政府主导型经营方式。

　　我国现行的国有土地经营方式，有两大特点。第一，政府集土地经营与管理两大职能于一身。以用途管制为核心的管理体制，日益变成所有制管制和位置管制。第二，侧重于国有增量土地的经营，忽视存量用地的盘活利用。前一个特点是由我国土地制度的特殊性决定的，按照宪法规定，我国城镇土地属于国有，农村土地属于集体所有，因此政府作为国有土地所有者，拥有出让国有土地的法定垄断权力，政府直接经营土地的法理依据就在这里。后一个特点更多受到我国地方政府土地利用方式的影响。按照现行《土地管理法》规定，地方政府拥有一次性获取土地出让收入的权力以及相应的土地增值收益，导致政府将土地经营的重心放在出让新增用地上，忽视了存量国有土地的再利用以及增值收益合理分配机制的建立。

但是，以增量国有土地为主的经营方式面临征地成本快速上升、风险累积加大、后备资源枯竭、利用效率低下、供应结构失衡等诸多弊端，现行机制的运作难以持续。未来改革的重点，就是在"国有土地管理与经营这两大职能相分离"的前提下，从以增量土地经营为主转向以存量土地经营为主，重构国有土地经营体系。

一、我国土地的空间布局和利用结构

（一）国土空间利用结构的演变过程

从土地利用结构和类型看，根据全国土地利用变更调查，2008年，在全国土地资源总面积中，农用地为98.54亿亩，占69.1%。建设用地4.95亿亩，占3.47%。未利用地39.1亿亩，占27.43%。在农业用地中，耕地18.26亿亩，园地1.77亿亩，林地35.4亿亩（防护林带和散生木不包括在内），牧草地39.28亿亩，其他农用地3.82亿亩。在建设用地中，城镇和独立工矿用地1.22亿亩，农村居民点 2.48 亿亩，交通用地 3728 万亩（尚未包括近年新建的农村公路），水利设施用地 5459.3 万亩。

最新的全国第二次土地调查结果（调查周期是 2007 年 7 月 1 日到 2009 年 12 月 31 日）显示，在农用地中，耕地面积是 20.27 亿亩（其中，基本农田是 15.608 亿亩），占国土面积的比例是 14.3%，比 2008 年变更调查数据多了 2.02 亿亩①，占比提高 1.5 个百分点。园地、林地、牧草地分别是 2.22 亿亩、38.01 亿亩和 32.94 亿亩，分别比 2008 年数据多了 0.45 亿亩、2.59 亿亩和 −6.34 亿亩。建设用地面积是 5.54 亿亩，占国土面积的比例是 3.9%（约 4%），比"一调"（1996 年）的建设用地面积增加 1.18 亿亩（占比提高 0.8 个百分点），比 2008 年的变更调查面积增加 5877 万亩（接近 6000 万亩，占比提高 0.4 个百分点）。在建设用地中，城镇村及工矿用地（"二调"统计中称为"居民点及独立工矿用地"）面积是 4.53 亿亩，比 2008 年数据多了 5002 万亩；交通运输用地面积是 4265 万亩，比 2008 年数据多了 537.6 万亩；水利设施用地面积是 5796 万亩，比 2008 年数据多了约 337 万亩。最后，"二调"中的未利用地面积是 39.7 亿亩（接近 40 亿亩），比 2008 年数据多了 5516 万亩。

概括一下，2014 年国家公布的"二调"数据表明，我国耕地面积增加超过 2 亿亩。建设用地面积增加约 6000 万亩，其中有 5000 万亩是由居民点及独立工矿用地增加所导致的。

---

① "二调"前后耕地数量出现很大变动。这种情况在"一调"前后才发生过。1995 年，国家统计局公布的全国耕地面积约为 14.2 亿亩，1996 年"一调"数据公布耕地面积约为 19.6 亿亩，多出 5.4 亿亩。

图 1.1　我国 2010 年土地利用情况

资料来源：中科院遥感地球所再生资源室。

第一，我国上一轮快速的城镇化、工业化进程是导致建设用地尤其是城镇村和工矿用地增加的重要驱动力，城乡建设用地扩张明显。1996～2009 年间（二次土地调查期间），建设用地从 2918 万公顷（4.38 亿亩）增加到 3500 万公顷（5.25 亿亩），增加了 581.9 万公顷（8728.5 万亩）。其中，城镇用地增加 4178 万亩，而村庄用地不降反增，13 年间还增加了 1837 万亩。

第二，"多出来的 2 亿亩耕地面积"主要是调查标准变动，技术手段更新和农村税费政策改革等因素造成的，实际利用的耕地数量没有变，意味着我们相当于用 20 亿亩耕地而不是通常认为的"18 亿亩耕地"满足了过去多年里社会对粮食和其他重要农产品的需求，这对保障未来粮食和重要农产品的供给安全提供了挑战。

表1.1　　　　　　　全国土地利用结构变化情况　　　　单位：万亩，%

土地利用类型	1996		2008		二调（2010年）	
	面积	比例	面积	比例	面积	比例
农用地总计	988989	69.35	985377.2	69.1	969698.4	68.2
耕地	195058.8	13.68	182583.2	12.8	202737.8	14.3
园地	15035.7	1.05	17701.95	1.24	22218	1.5
林地	341413.05	23.94	354149.3	24.83	380095.4	26.7
牧草地	399097.2	27.99	392761.5	27.54	329348	23.2
其他农用地	38384.1	2.69	38181.3	2.68	35299.4	2.5
建设用地总计	43578.3	3.06	49483.35	3.47	55360.5	3.9
居民点及独立工矿	35920.5	2.52	40296	2.83	45298.8	3.2
交通运输	2542.05	0.18	3728	0.26	4265.5	0.3
水利设施	5115.75	0.36	5459.4	0.38	5796.2	0.4
未利用地总计	393447.15	27.59	391179.3	27.43	396694.8	27.9
未利用土地	348922.65	24.47	347082.8	24.34		
其他土地	44524.35	3.12	44096.6	3.09		

注①全国第二次土地调查时间是2007年7月1日~2009年12月31日。②公布的"二调"数据中某些指标缺失。另外有些指标的口径不同，比如"二调"中将水域水利设施用地归为一类（总面积是4269万公顷），无法分离出水域和水利设施的各自面积。"二调"数据中是"城镇村和工矿用地"，2008年变更调查数据中是"居民点及独立工矿用地"，表1.1中假设二者的口径基本一致。

资料来源：《全国土地权属变动情况统计》、《2008年全国土地资源统计公报》和《全国第二次土地调查结果》。

从耕地的分布和类型看，未来全国有约7.5%的耕地需要通过实施还林、还草、还湿等途径逐步减少。其中，包括东北和西北的林区、草原以及河流湖泊最高洪水位控制线范围内的耕地有564.9万公顷（8473.5万亩）以及全国25度以上陡坡上的耕地431.4万公顷（6471万亩），这两类耕地加起来面积接近1000万公顷（1.5亿亩）；另外，环保部土壤状况调查结果表明，中重度污染耕地大体在5000万亩左右，这些耕地要经过多年修复后才能恢复正常利用。

因此，未来适宜稳定利用的耕地只有1.2亿多公顷（18亿亩）[①]。

改革开放以来，我国经济持续快速发展，工业化和城市化加速推进，国土空间也发生了巨大变化（表1.2）。通过国土空间结构数据分析，可以得出我国国土空间变化的基本趋势[②]。

表1.2	空间结构的变化						单位：万公顷
年份	城市空间		农业空间		生态空间		其他空间
	城市建设空间	工矿建设空间	农业生产空间	农村生活空间	绿色生态空间	其他生态空间	
1996	264.89	273.29	16565.25	1636.48	51103.86	24749.49	476.06
1997	273.86	281.75	16550.49	1641.48	51106.84	24731.52	483.37
1998	286.90	284.66	16534.71	1641.04	51111.35	24724.97	485.68
1999	294.11	289.26	16500.16	1644.24	51012.52	24834.43	494.58
2000	298.11	295.42	16456.72	1646.70	51003.50	24867.71	501.15
2001	305.01	302.53	16397.56	1648.45	51051.27	24858.46	506.03
2002	314.96	321.96	16236.53	1655.10	51173.06	24854.92	512.79
2003	324.64	338.09	15998.21	1654.79	51456.48	24776.96	520.14
2004	340.24	359.52	15926.47	1655.60	51525.32	24733.17	528.98
2005	361.28	366.05	15916.26	1657.48	51540.70	24691.76	535.79
2006	381.56	380.71	15913.51	1656.08	51563.13	24629.54	544.79
2007	393.32	399.54	15903.94	1654.31	51557.54	24610.16	550.50
2008	403.19	412.07	15897.76	1653.44	51553.61	24594.30	554.96

资料来源：根据国土资源部土地利用变更调查数据整理。

（1）随着工业化、城市化进程的加快，城市空间快速拓展。1996～2008年间，城市建设空间增加了138.3万公顷，增长

---

① 上述数据来自国土部副部长王世元在2013年12月30日在国新办举行的《全国第二次土地调查》新闻发布会上的讲话内容。

② 国土空间分类具体请见本章附录1。

52.21%。工矿建设空间增加了 138.78 万公顷，增长 50.78%。随着交通基础设施建设步伐的加快，占用土地的增速也很快，由 1996 年的 169 万公顷，增加到 2008 年的 250 万公顷，增长 46.65%。其他建设用地面积变化不大，保持在 218 万公顷左右。

（2）农业生产空间持续减少，但随着农业生产结构的调整，农业空间内部结构也在变化。1996～2008 年间，农业空间共减少了 667 万公顷。在农业空间中，耕地减少最多，达到 831 万公顷，减少 6.40%；园地增加了 178 万公顷，增长 17.73%；农村居民点占地略有减少，在 2005 年达到高峰值的 1657 万公顷后逐步减少，2000～2008 年间共减少了约 17 万公顷。

（3）随着对生态环境保护的逐步加强，绿色生态空间总量增加。1996～2008 年间，绿色生态空间共计增加了 449 万公顷，增长 0.88%。其中，林地增加 849 万公顷，增长 3.73%，这主要受益于国家实施的"退耕还林"政策。

2010 年在国家制定的《全国主体功能区规划》中，将构建高效、协调、可持续的国土空间开发格局作为重要目标。第一，严格控制城市国土空间的扩张规模。到 2020 年，城市空间要控制在 10.65 万平方公里，比 2008 年增加 2.44 万平方公里，年均增幅控制在 2% 左右。第二，在城镇化过程中要优化农村土地布局，减少农村居民点占地规模，实现城乡建设用地"有增有减"。2008～2020 年间，农村居民点用地规模要减少 5300 平方公里。第三，实行最严格的耕地保护政策，保护生态环境。到 2020 年，耕地保有量要达到 120.33 万平方公里，比 2008 年减少 1.39 万平方公里，每年平均占用耕地规模要控制在 1737 平方公里以内。同时，要提高林地保有量，使森林覆盖率从 2008 年的 20.36% 提高到 2020 年的 23%。

表 1.3　　　　　　　　　全国国土空间利用规划目标

指标	2008 年	2020 年
开发强度（%）	3.48	3.91
城市空间（万平方公里）	8.21	10.65
农村居民点（万平方公里）	16.53	16
耕地保有量（万平方公里）	121.72	120.33
林地保有量（万平方公里）	303.78	312
森林覆盖率（%）	20.36	23

资料来源：《全国主体功能区规划——构建高效、协调、可持续的国土空间开发格局》，2010 年。

（二）"土地城镇化"的规模和城市间分化

这部分内容主要利用中科院遥感所已经构建的中国 1∶10 万土地利用遥感监测数据库，包含 20 世纪 80 年代末、1995 年、2000 年、2005 年、2008 年和 2010 年的土地利用现状及对应的动态变化数据[①]。从图 1.2 可知，从 20 世纪 70 年代末到 2012 年间，60 个城市的中心建成区扩大了 4.97 倍，其中北京、上海、广州、深圳的中心建成区扩展速度最快，成都、西安、杭州等省会城市其次，中西部的非省会城市扩展速度最慢。

从各阶段看，60 个城市扩展情况可分为三大阶段。

第一阶段是城市缓慢扩展阶段。1974～1986 年间，60 个城市

---

① 在这部分内容写作中，特别感谢中科院遥感所再生资源室赵晓丽研究员提供的城市扩展遥感监测数据。

每年平均扩展面积从 1. 67 平方公里到 2. 01 平方公里，年均增幅仅为 1.5% 。主要原因是 1984 年以前，改革的重心在农村，只有 1984 年 10 月党的十二届三中全会召开以后，改革的重点才从农村转到城市。通过贯彻《中共中央关于经济体制改革的决定》，以城市为重点的经济体制改革才全面展开。

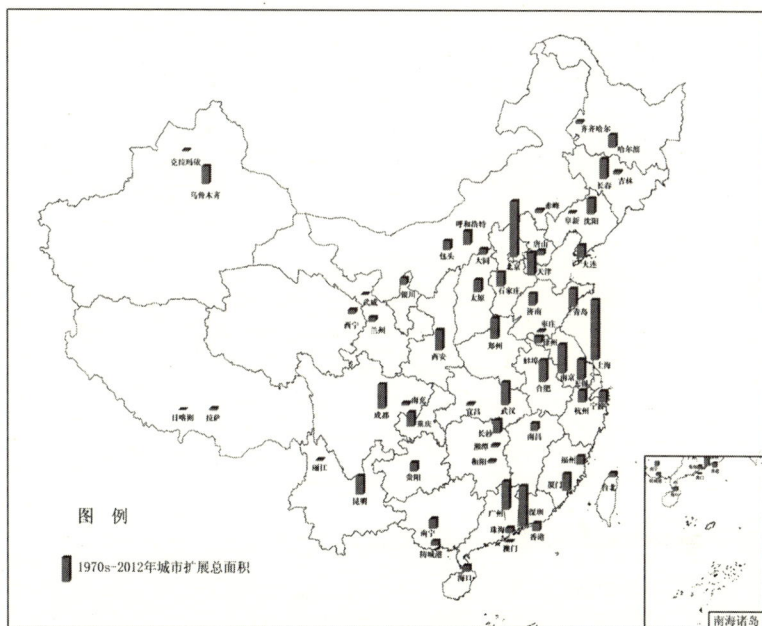

图 1.2　我国城市扩展总体情况：1970s～2012 年

资料来源：中科院遥感地球所再生资源室。

第二阶段是城市逐步扩展阶段。1986～1998 年间，60 个城市每年平均扩展面积从 2. 01 平方公里到 5. 14 平方公里，年均增幅是 8. 1% 。这期间的 1988 年《土地管理法》出台，赋予城市政府出让土地使用权，是城市扩展的重要原因。

第三阶段是城市加速扩展阶段。1998～2007 年间，60 个城市每年平均扩展面积从 5.14 平方公里增加到 14.03 平方公里，年均增幅是 7.3%。如果不考虑 2008 年全球金融危机的冲击，1998 ~ 2008 年间扩展面积的年均增幅达到 11.5%。这一阶段城市中心建成区面积大幅扩展，既有 1998 年分税制改革后地方政府受"土地财政"和"土地金融"的驱动，也有中国经济出口导向型特征引起大办各类园区等原因的影响。

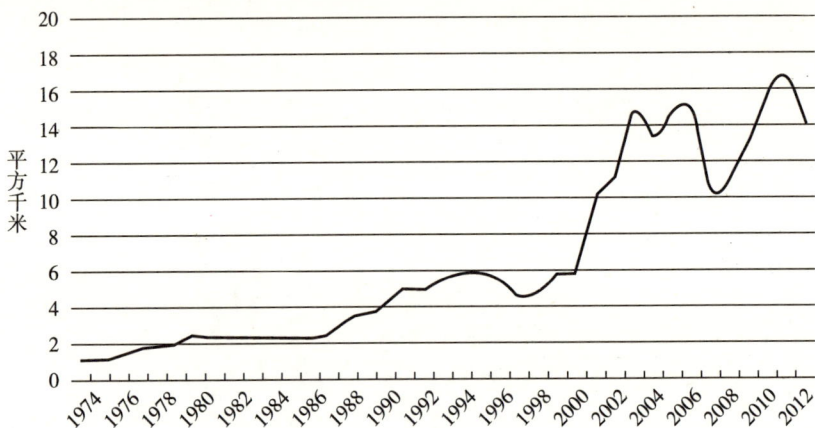

图 1.3　60 个城市各阶段的年均扩展面积：1974 ~ 2012（单位：平方千米）

注：60 个城市包括直辖市、省会城市、经济特区与沿海开放城市，其中有 4 个直辖市、28 个省会（首府）城市、2 个特别行政区和 26 个其他城市。
资料来源：中科院遥感地球所再生资源室。

进一步把 60 个城市分东、中、西部来分析的话，可以发现以下几个显著特征：

第一，东部地区城市每年平均扩展面积的峰值来得最早，中部地区城市其次，西部地区城市最晚。峰值点也是东部最高、中部其次、西部最低。由于港澳台地区的城市化进程远早于东部地区其他城市，另外受自身城市面积限制，1986 年以后东部地区（不包括港澳台）城市扩展面积要高于东部地区（包括港澳台）的扩展面积[①]。但是，不管是否包括港澳台地区，东部地区城市的扩展面积峰值是在 2002 年左右到来，峰值点分别是 28.34 平方公里（不含港澳台）和 24.87 平方公里（含港澳台）。中部地区城市扩展面积的峰值出现是在 2004 年左右，比东部地区晚 2 年，峰值点是 14.84 平方公里，比东部地区（不含港澳台）峰值点低了约 14 平方公里。跟东部和中部地区相比，西部地区城市扩展面积的峰值到达时间最晚、数值最低，在 2006 年左右才到峰值（比东部地区晚了 4 年左右、比中部地区晚了 2 年左右），且峰值只有 5.76 平方公里（只有东部地区（不含港澳台）峰值的 1/5 左右、西部地区峰值的 2/5 左右）。

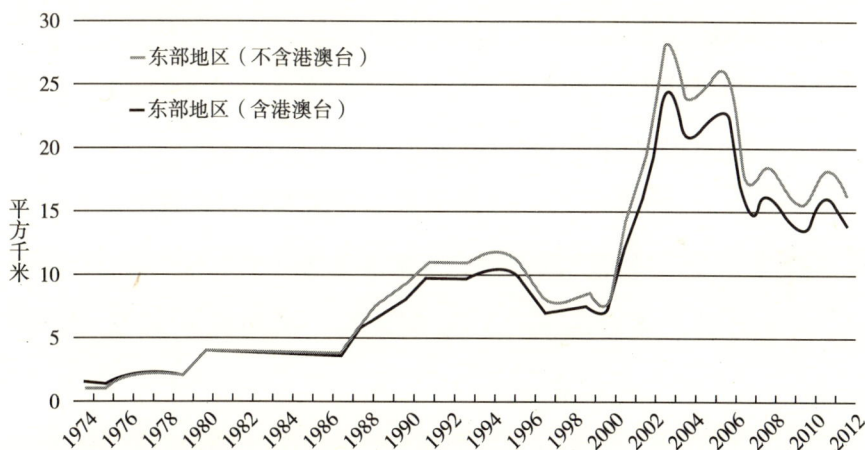

图 1.4　东部地区城市每年平均扩展面积：1974～2012（单位：平方千米）

资料来源：中科院遥感地球所再生资源室。

第二，东中西部地区的城市扩展速度和规模跟各阶段国家发展

---

① 由于 1986 年以前中国改革的重点还没有转到城市中来，因此 1974～1986 年间大陆其他城市的扩展速度跟港澳台地区差异不大。

战略的实施和城镇化推进速度相一致。东部地区城市开放战略实施最早，国家 80 年代建立的经济特区和沿海对外开放口岸城市都在东部地区，城市扩展速度跟经济发展水平和开放程度呈高度相关性。东部地区城市扩展面积从 1988 年开始就进入稳步上升阶段，1996 年平均扩展面积就超过了 10 平方公里，同期中部和西部地区城市的平均扩展面积分别仅有 3.6 平方公里和 1.5 平方公里。西部地区在 2000 年左右实施"西部大开发战略"，2000~2007 年恰好就是西部地区城市的快速扩展期。另一方面，各地区城市扩展面积还能很好反映各自的城镇化发展水平，2012 年末全国城镇化率为 52.57%，东中西部城镇化率分别为 56.4%、53.4% 和 44.9%，东部和中部地区城镇化率高于全国平均水平分别约 4 个百分点和 1 个百分点，西部地区城镇化率低于全国平均水平约 8 个百分点[1]。城市平均扩展面积快慢的背后就是各地不同的城镇化率。

第三，城市扩展面积的变动还能反映国内外经济形势冲击的影响。2008 年受全球经济危机影响，东部和西部城市扩展面积迅速回落，东部地区（不含港澳台）城市平均扩展面积从 2007 年末的 26.43 平方公里迅速回落到 17.65 平方公里（降幅接近 40%），西部地区从 5.65 平方公里回落到 2.83 平方公里（降幅接近 100%）。中部地区城市平均扩展面积下降最小，仅从 2007 年末的 10.16 平方公里略降至 2008 年的 9.72 平方公里。这从另一方面可以反映东部和西部地区受经济危机冲击的影响比较大，中部地区相对要小得

---

① 数据来自《中国西部经济发展报告（2013）》，由西北大学中国西部经济发展研究中心主编，中国人民大学出版社出版。

多，2007～2008 年间东部地区 GDP 增速回落了 3 个百分点（从 14.4% 降到 11.4%）、西部地区回落了 1.8 个百分点（从 14% 降到 12.2%），中部地区降幅最小（从 14.1% 降到 12.5%，回落 1.6 个百分点）。

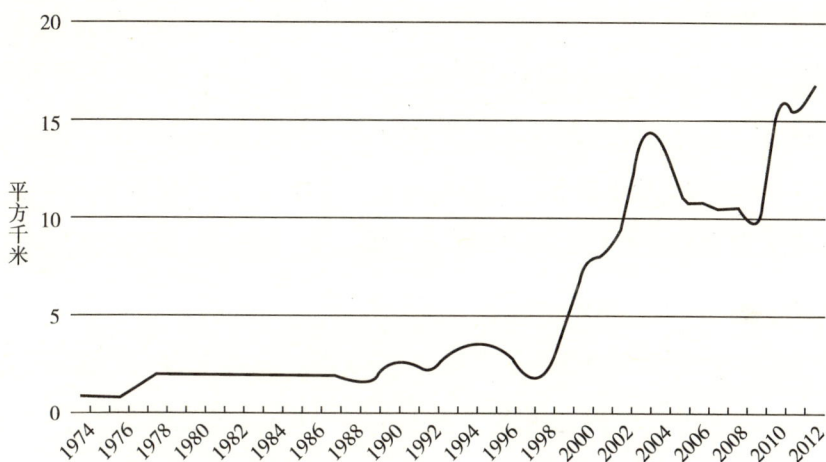

图 1.5　中部地区城市每年平均扩展面积：1974～2012（单位：平方千米）

资料来源：中科院遥感地球所再生资源室。

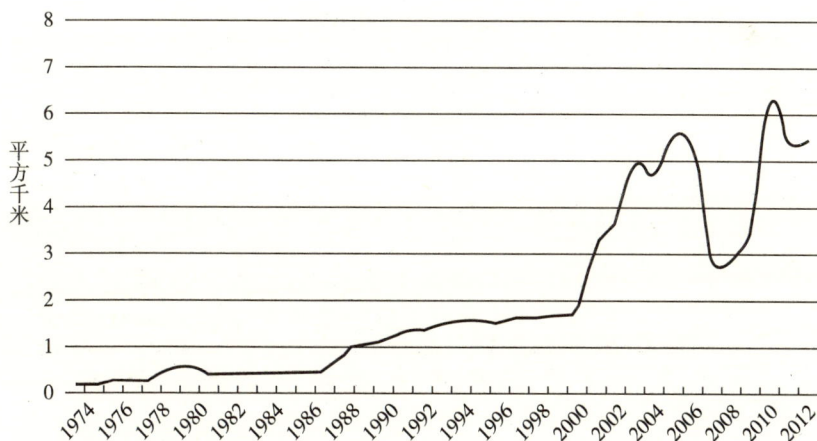

图 1.6　西部地区城市每年平均扩展面积：1974～2012（单位：平方千米）

资料来源：中科院遥感地球所再生资源室。

新经济地理学揭示了城市扩展的内在机理，一个有意思的问题是，不同规模的城市扩展在空间上是否表现在"城市规模越大、扩展速度越快"，或者说"城市扩展面积会不会受到现有城市规模的影响"？从中国不同规模城市在 1974 ~ 2012 年间的扩展情况来看，能初步得到"规模越大的城市，扩展面积就越大"的结论。1974 ~ 1988 年间，人口超过 1000 万的超大型城市和人口在 500 万到 1000 之间的大型城市年均扩展面积要远远多于其他规模的城市。1988 ~ 2000 年间，超大型城市和大型城市的年均扩展面积保持相对稳定，分别从 21.65 平方公里和 7.86 平方公里上升到 23.54 平方公里和 10.04 平方公里，增幅水平不大。2000 年以后，超大型城市和大型城市的扩展速度又明显快于其他规模城市。总体上看，"城市规模越大，年均扩展面积也越多"是 1974 ~ 2012 年间中国城市扩展过程中的一个典型性事实。

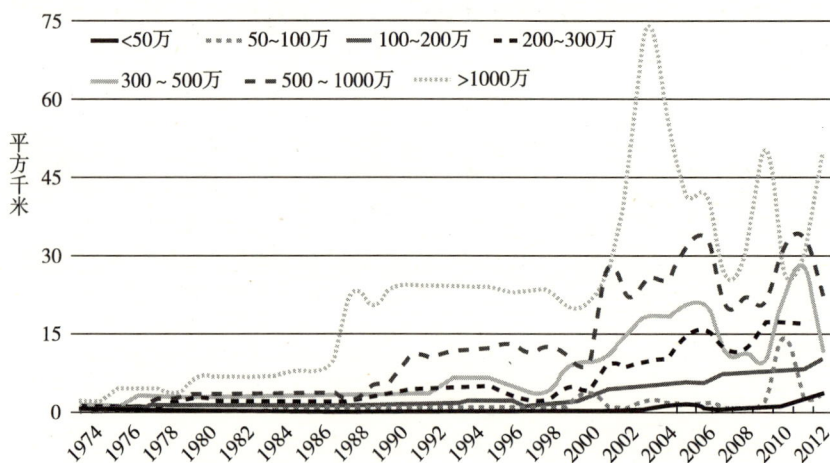

图 1.7　不同规模城市年均扩展面积：1974 ~ 2012（单位：平方千米）

资料来源：中科院遥感地球所再生资源室。

从单位土地的吸纳人口数量来看，"土地城镇化"规模和速度都要超过"人口城镇化"，但两者的变动方向是一致的，就是"城市扩展面积最多的地区，人口集聚度就越高"。从图1.8可知，我国人口集聚水平高的区域都集中分布在东部沿海地区和中部省会城市，西北区域的城市人口集聚度最低，除了乌鲁木齐等少数城市的人口集聚度较高外，其他区域都远远低于东部和中部城市区域。

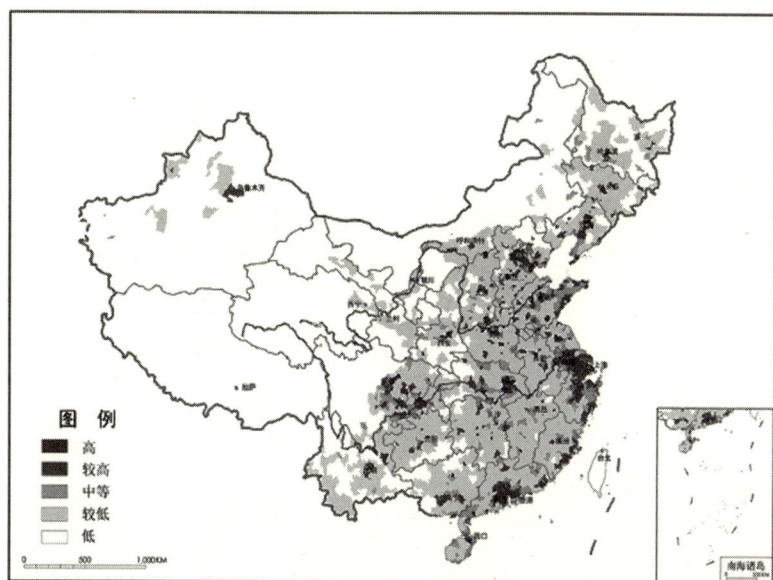

图1.8 我国各地区人口集聚度情况

资料来源：《全国主体功能区规划——构建高效、协调、可持续的国土空间开发格局》，2010年。

上一轮城镇化过程中，"土地城镇化"速度快于"人口城镇化"速度，是其中一个重要特征。1974～2012年间，我国60个主要城市在扩展过程中占用了大量土地，土地粗放式利用特征明显。

第一，耕地始终是城市扩展最主要的土地来源，尚未表现出明显的减少趋势。近40年来，有56.46%的城市扩展面积来源于耕地，特别是"十五"以后年均耕地占用量成倍增加，"十一五"时期城市扩展占用耕地的面积已经是"六五"时期的4.80倍。城市扩展较为明显的中东部地区占用的耕地资源更多，其中大部分是优质耕地。从图1.9可知，东部地区占用耕地面积比例超过60%，上海、浙江、江苏等沿海经济发达省市占用的耕地面积比重更高。

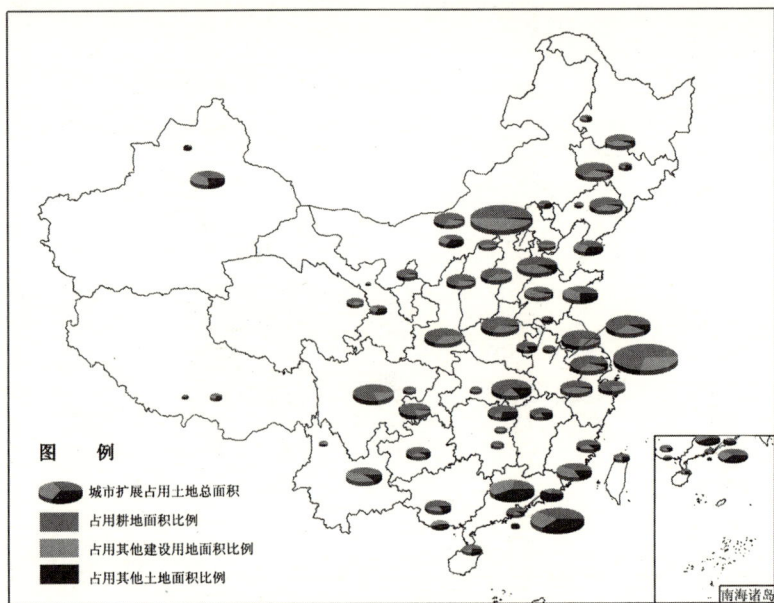

图1.9　60个城市扩展过程中的土地占用情况：1974~2012（%）

资料来源：中科院遥感地球所再生资源室。

第二，城市扩展占用土地的规模快速扩大，占用耕地始终是获取城市发展空间的主要来源。1980年前，60个城市在扩展过程中年均占用土地是2平方公里左右，耕地占用比重达到85%。从"六五"期间到"八五"期间，60个城市扩展年均占用土地规模迅速从 2.21 平方公里上升到 5.63 平方公里，年均增幅达到 6.4%，占用耕地面积从 1.85 平方公里到 2.96 平方公里，占比从 85% 逐步下降到 53% 左右。"八五"期间到"九五"期间，城市扩展年均占地规模和耕地占比这两个指标都基本没有变化。"十五"期间和"十一五"期间，我国经济进入新一轮高速增长周期，伴随城市规模的快速扩展，土地占用量也迅速上升，"十五"和"十一五"期间 60 个城市扩展年均占用土地基本保持在 13 平方公里左右，占用耕地的比重也维持在 50% 左右的水平。2011～2012 年间，受 2009～2010 年间国家出台大规模经济刺激计划的影响，年度土地利用规模增加较多，城市扩展年均占用土地量增加到 15.34 平方公里，占用耕地的比重也提高到 55% 左右。

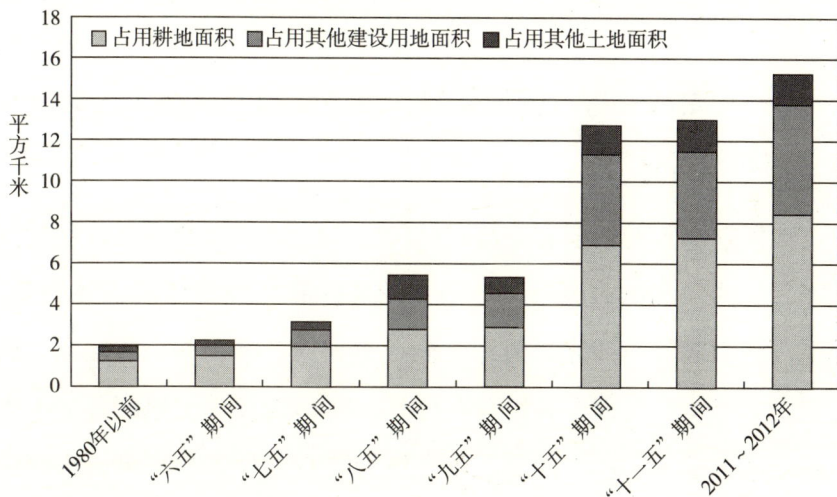

图 1.10　各时期城市扩展年均占用土地情况（单位：平方千米）

资料来源：中科院遥感地球所再生资源室。

二、现行国有土地经营体系的两大特点

刘守英（2014）概括了我国土地管理制度的四个特点，一是实行以土地社会主义公有制为基础，两种所有制并存，所有权与使用权相分离的土地权利制度；二是把耕地保护作为土地管理制度的首要目标；三是建立以土地用途管制为核心的土地管理体系；四是实行以土地集中统一为主的管理体制。由于本书研究的重点是土地经营体系，在刘守英（2014）对土地管理制度特点概括的启发下，本书提出了国有土地经营体系的两个特点，分别是行政管理体制的集权化和"重增量获取、轻存量盘活"的经营模式。

（一）集权式行政管理体制：用途管制变成事实上的所有制管制和位置管制

从国际范围看，国有土地在任何一个经济体中都存在，差异仅在于，有些经济体的国有土地占比较高，有些经济体则占比较低。但是，绝大多数经济体的国有土地经营利用，都有一个共同点，就是把国有土地的管理权和经营权分开，在市场发挥土地配置的前提下制定用途管制和利用规划。政府作为国有土地的所有者，按照法律赋予相关土地管理部门以管理权，主要在用途管制、规划实施、出售土地等环节制定法律法规。具体的经营活动由市场主体间自主完成，政府只在提供市场交易平台，规范交易流程以及保障正当权益等方面起到辅助作用。

刘守英（2014）认为，以土地用途管制为核心的土地管理体系主要包括四方面内容：一是国家编制土地利用总体规划，规定土地用途，将土地分为农用地、建设用地和未利用地；二是规定土地利用总体规划的地位、作用及审批程序；三是严格限制农用地转为建设用地，控制建设用地总量，对耕地实行特殊保护；四是明确规定了农用地转为建设用地的批准权限，适当集中征地审批权。

《土地管理法》第4条规定，"国家实行土地用途管制制度"。将土地利用总体规划审批权、农地转用和土地征用审批权、耕地开垦监督权、土地供应量控制权集中在中央和省政府，同时将执行权下放到市县政府。规定土地利用总体规划的地位、作用及审批程序，以土地利用总体规划作为土地用途管制的依据，规定农用地转为建设用地的审批权限，完善乡村建设用地管理。

土地用途管制制度强化了土地利用总体规划和土地利用年度计划的法定效力，提高了土地管理机构对用地结构、规模及配置等方面宏观控制的能力。一是以土地用途分区管制实施管理，确立不同的审批主体，确定耕地资源保护数量，强化对耕地的保护和建设用地的控制。二是发挥土地利用规划在土地资源优化配置中的作用，协调土地利用规划管理与实施，避免过去以项目管理为依据进行用地审批而造成土地利用管理上难以有效控制耕地锐减局面。三是改变分级限额审批制度将建设用地审批集中于市、县政府而形成的各地"多卖地，多得益"的土地收益分配机制，建立将存量建设用地收益归地方，增量土地收益上缴中央的土地收益分配机制。四是有利于生态环境保护。

从当初法律的设计上看，国家实行土地用途管制制度，严格限制农用地转为建设用地，控制建设用地总量，对耕地实行特殊保护。其核心目的是保护耕地，但"任何单位和个人进行建设，需要使用土地的，必须依法申请使用国有土地"的规定，却使"用途管制"实际演变成了所有制管制——农地只有通过征用（完成集体所有权向国家所有权的转变）才可进入建设用地市场，不仅削弱了集体所有权能，集体经济组织的发展权和受益权也受到极大影响；土地管理法规定，"使用土地的单位和个人必须严格按照土地利用总体规划确定的用途使用土地"，但"县级土地利用总体规划应当划分土地利用区，明确土地用途"。"乡（镇）土地利用总体规划应当划分土地利用区，根据土地使用条件，确定每一块土地的用途，并予以公告"，又使得用途管制变成了机械的位置管制。

从国际上看，世界上实行土地用途管制的国家或地区不在少数，包括欧美日本等发达国家，有些经济体的具体管制要求甚至严于我国（如美国、英国）。但这些国家土地发展权交易或非农地交换的经验表明，位置互换与用途管制可以有效融合。实际上，市场经济国家采用的土地用途管制制度，如城市发展边界、分区管制、宗地管理，是在土地资源市场配置基础上采取的土地用途管制，只是管制市场配置做不到、做不好的事情，并不推翻市场配置的制度框架。而我国《土地管理法》制定的土地用途管制制度置于市场配置机制之上，实际上是世界上独一无二的、最严格的土地资源行政—计划配置制度。

为保证指令性规划、计划的实施，土地用途管制制度规定了一套高度集权而又繁复的行政审批制度，不仅增大管理成本，也降低了土地配置效率，成为保障经济发展的即时性用地需求方面解不开的死结。例如，2003～2008 年间全国存量建设用地转用 92.8 万公顷，新增建设地 280 万公顷，其中 37% 经省级政府审批，23% 经国务院审批。不仅工作量巨大，而且审批周期较长，快则三四个月，慢则半年、一年，难以满足市场经济即时性、阶段性需求。为应对瞬息万变的市场经济，要么在项目资金已落实的情况下，未批先用，未报即用，违法用地，以免延误工期，负担利息损失，甚至错失发展机会；要么一有指标即实行预征地，留足发展空间等待项目落实，从而造成批而不用、土地闲置。在 2010 年执法检查中，2007 年 10 月至 2009 年 10 月"未报即用"的违法用地案件 3.7 万宗，61.3 万亩，其中国家和省级重点项目违法占三成。

集权式土地行政管理体制的弊端还体现在上下定位目标的不衔接、不协调。如中央以保护耕地，保障粮食安全为首要目标，而地方政府则以增加财政收入，推进快速工业化、城市化为目标。中央和地方目标的不一致性，在实践中就会造成许多冲突和矛盾。

一是现行的土地管理政策法规主要是适应新增国有建设用地的规范和管理，未能实现对城镇存量低效用地的覆盖，针对国有土地二次利用，仅有"土地使用权可以依法转让"的原则规定。对于低效用地的再开发利用政策还停留在区域性试点探索层面。

二是存量国有土地挖潜政策不够完善。如新修订出台的《闲置土地处置办法》难以避免以"开发一半，留一半"的对策规避闲置费的征收；"三旧"改造相关配套政策不健全，仅靠国土资源管理方面的政策突破，不利于"三旧"改造的加快推进。

三是拓展国有土地新空间存在政策和法律盲点。如《关于加强围填海造地管理有关问题的通知》未就围填海造成的生态破坏补偿、新造地的后续管理与权益保护、用海与用地有关政策衔接问题等做出制度安排；地下空间开发的相关规定多散见于各行业的法规中，没有在政府层面形成系统完整的政策措施。

四是国有用地标准虚化，体系不健全。如《关于发布和实施〈工业项目建设用地控制指标（试行）〉的通知》要求通过控制地均投资强度、容积率等确保用地的集约，但由于无法核实实际投资强度，投资强度准入门槛形同虚设。国土与城市规划两个部门标准"打架"，也直接影响用地标准的执行力。

（二）片面化经济利益导向：重增量和轻存量

多年以来，·我国土地资源粗放式利用的现状没有得到根本改观。据统计，目前我国城镇低效用地占到40%以上，农村空闲住宅用地达到10%至15%，处于低效利用状态的城镇工矿建设用地约5000平方公里，占全国城市建成区的11%[①]。

土地粗放式利用的一个重要根源是，地方政府在经济利益导向下"重增量用地获取，轻存量用地盘活"，多年来我国土地管理利用的重心都是在增量土地上做文章。Anderson（2009，2010，2011，2012）发表的一系列论文证明，中国的地方政府大量低价出让土地，是为了吸引外来投资以发展本地经济，用未来的增值税和营业税收益来弥补土地低价出让的短期损失。我国目前实施的指标管理、征地制度、占补平衡、招拍挂出让等制度，都是围绕增量土地

---

① 摘自国土部政策法规司司长王守智在2014年6月19日国土部举行的《节约集约利用土地规定》新闻发布会上的发言。

利用而设置的。相对而言，存量土地利用制度亟待储备、完善。近年来，城乡建设用地增减挂钩、工矿废弃地复垦利用、城市低效用地再开发等试点逐步铺开，如重庆"地票"制度、成都统筹城乡土地管理制度改革、广东"三旧改造"等，但总体而言，这些做法还没有上升为国家法律政策，国有土地经营体制还没有从以增量为主，过渡到增量和存量经营并重或更进一步以存量经营为主的阶段。

近年来，伴随中国经济的高速增长，全国土地开发强度（建设用地面积占全部国土面积的比重）提高很快，各经济板块间的差距也在不断拉大。从图 1.11 可以看到，2010 年，开发强度超过 25% 的城市全部位于东部地区，北京、天津、上海、江苏、浙江、广东

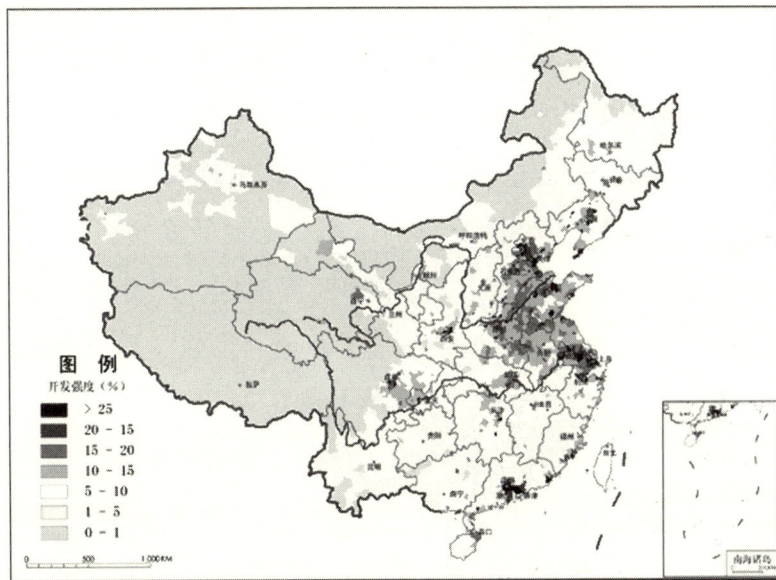

图 1.11　全国国土开发强度（%）

注：开发强度是由各省份的县级数据经加权而成。

资料来源：《全国主体功能区规划——构建高效、协调、可持续的国土空间开发格局》，2010 年。

的平均开发强度超过了 30%。从区域板块看，2010 年京津冀、长三角、珠三角这三大经济带的土地开发强度分别是 17.4%、20.7% 和 22.3%。同期，中部和西部城市的土地开发强度分别只有 5.36% 和 0.87%。最偏远的西北地区城市的开发强度还不到 0.2%。土地开发强度跟地区经济发展水平呈现高度一致性，东部地区经济发展水平最早，对建设用地的需求量也最大，如果把土地开发强度超过 20% 的城市所创造的 GDP 加起来，大概占全国 GDP 总量的 60%。

土地开发强度的提高，一方面反映了经济社会快速发展对土地需求量的上升，但如果没有相应的土地利用效率提升，开发强度的提高就只能体现在开发面积的盲目扩张上。结合图 1.11 和图 1.12，可以得到两个特征性事实。

一是"土地开发强度越大的区域，土地利用效率就越高"，体现了经济活动的集聚效应。土地产出效率超过 4000 万元/平方公里的区域，土地开发密度全部超过了 25%。产出效率在 2000 万元/平方公里到 4000 万元/平方公里的区域，土地开发密度平均值在 18.7%。土地开发密度低于 5% 的中西部地区，产出效率都低于 250 万元/平方公里。如果把各城市的土地开发强度和土地产出效率作一个线性关系，两者的相关系数达到 0.74。

二是跟国际发达经济体相比，我国土地利用效率仍然偏低。2007 年，香港地区建设用地面积是 259 平方公里，创造的 GDP 是 16162.2 亿港元，单位用地产出值是 62.4 亿港元/平方公里，换算成人民币，约为 65.7 亿元/平方公里。上海市是大陆地区土地利用效率最高的区域，但 2010 年单位用地产出值是 4.83 亿元/平方公里，中心城区的土地产出值也只有 23.1 亿元/平方公里，上海中心城区的土地利用效率仅为香港地区的 1/3。全国单位建设用地产出值只有 1000 万元/平方公里不到，土地利用效率低下的很重要原因是土地利用结构扭曲、大量低效工业园区用地的存在等①。

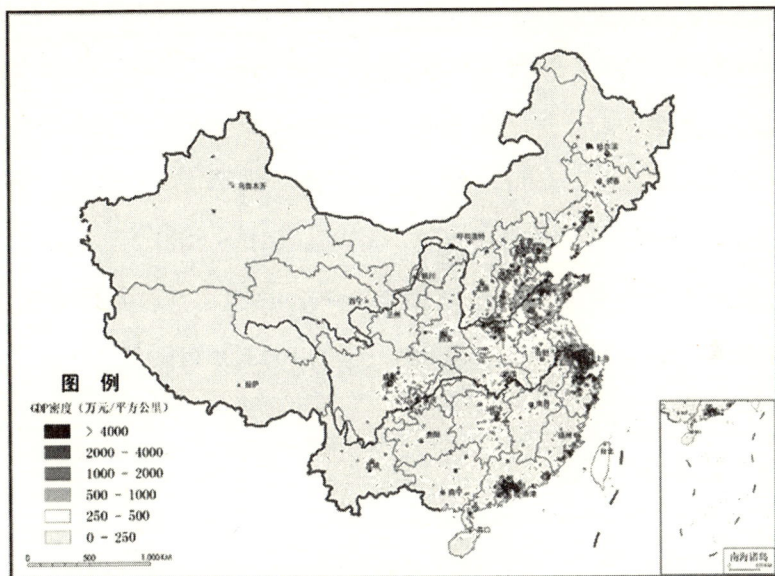

图 1.12　全国各区域单位土地面积 GDP 产出水平（单位：万元/平方公里）

注：单位土地面积 GDP 产出水平是根据县级数据加权而成。

资料来源：《全国主体功能区规划——构建高效、协调、可持续的国土空间开发格局》，2010 年。

2003 年以来，我国经济步入新一轮高增长期，城镇建设用地的"极其宽松供应"保障了经济高增长。2006～2013 年间，全国国有建设用地实际供应量从 460.5 万亩增加到 1095.8 万亩，年均增长 13.2%，超过了同期 GDP 增长率。土地资源的高消耗、粗放型利用支撑了上一个高速增长周期。

---

①　详细描述请见第三节"土地利用效率低下，供应结构失衡"这部分的内容。

在上一轮城镇化进程中,"过多依赖新增建设用地指标,对盘活存量建设用地重视不够",是造成我国用地资源紧张的一大原因。尽管我国严格控制各年度各地区的新增建设用地指标,但实际使用数量会远远超过事先规定的指标量。1997～2006年间,全国新增建设用地5981万亩,平均每年新增约600万亩。2006～2012年间,全国建设用地平均增加724万亩(其中城镇建设用地年均增加357万亩)。2010～2012年间,全国建设用地年均增加953万亩,其中,城镇建设用地年均增加515万。考虑到2010～2011年间新增建设用地数量猛增是受经济刺激政策的影响,因此2012年新增建设用地数量出现较大幅度回落,从2011年的1013万亩降低到778万亩,减少了235万亩。

(万亩)

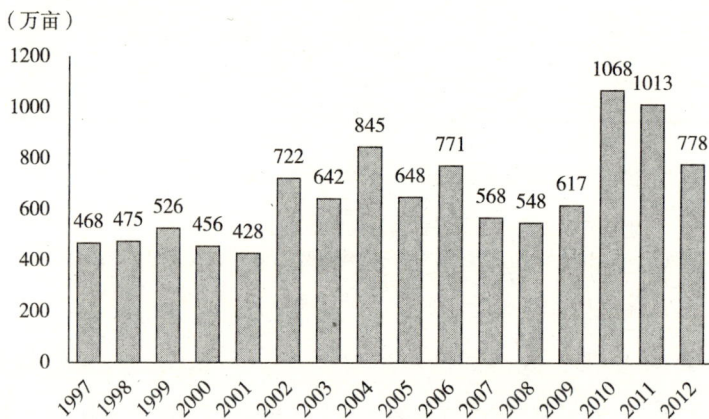

图 1.13　实际新增建设用地规模:1997～2012年(单位:万亩)

资料来源:历年《全国土地资源统计公报》。

尽管国家规定的新增建设用地指标也有逐年增加,但是各地汇总后的实际使用量都会大大突破每年的新增建设用地指标量。2002～2011年间,全国共批准新增建设用地4300多万亩,但期间实际新增建设用地 7442 万亩，是计划量的 173%。即使考虑到近年来分配给各省（市、自治区）的建设用地增减挂钩指标，比如 2013 年国土资源部共批准 29 个省份开展增减挂钩试点，全国共安排城乡建设用地增减挂钩指标 90 万亩，但实际新增建设用地的数量仍会远远超过批准的数量。

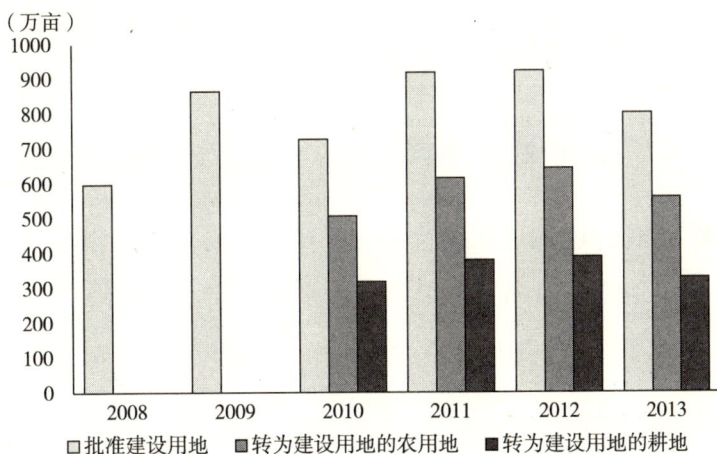

图 1.14　全国批准建设用地规模：2008～2013 年（单位：万亩）

注：2008 年和 2009 年没有转为建设用地的农用地和耕地数据，故这两个数值空缺。
资料来源：历年《全国土地资源统计公报》。

按照现行《土地管理法》的规定，农用地转为建设用地，只能通过征地来实现。因此，尽管十七届三中全会就指出"建立城乡建设用地市场，实现城乡建设用地同地同权同价"，十八届三中全会提到"允许集体经营性建设用地合规入市"，但在城乡统一的建设用地市场完全建立之前，征收农用地仍然是新增建设用地的最重要来源。2008～2013 年间，全国批准建设用地从 598.2 万亩增加到 801.45 万亩。其中，2010～2013 年间，由农用地转为建设用地的数量约占 70%，年均征地规模在 600 万亩左右，由耕地转为建设用地的数量占批准建设用地规模的比重超过 40%。2011 年和 2012 年间是批准建设用地规模最高的二个年份，分别是 917.55 万亩和 922.8 万亩，转为建设用地的农用地规模均超过了 600 万亩，转为建设用地的耕地规模也接近了 400 万亩。

三、现行国有土地经营方式面临的五大挑战

（一）"土地财政"不可持续，土地出让净收益快速下降

地方政府"以地谋发展"的一个结果，就是土地出让收入屡创新高，成为地方政府的重要财政收入来源。2000～2013 年间，全国土地出让签订总价款从 596 亿元上升到 42000 亿元，年均增长 38.7%。出让收入占地方财政收入的比重也从 2000 年的 9.3% 增加到 2013 年的 60.9%（图 1.15）。

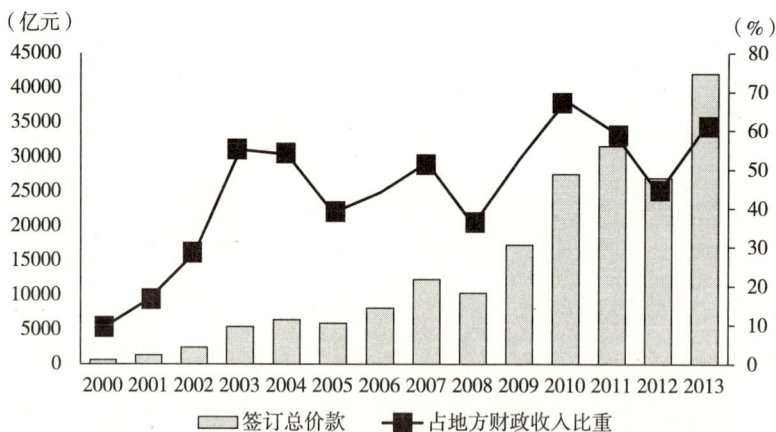

图 1.15　全国土地出让签订总价款与占地方财政收入比重

资料来源：WIND 资讯库。

东部地区的土地出让收入仍然占绝对比重，波动幅度要大于中西部地区，但是中西部地区的土地出让收入增速加快，在全国土地出让收入中的比重在逐步提高。2009年和2013年是全国土地出让收入剧增的两年，增幅分别达到67.4%和44.6%。2009年，东部地区土地出让收入增幅是83.9%，远高于中部地区的25.8%和西部地区的44.9%。2013年，东部地区土地出让收入增幅是46%，仍然高于中部地区的45.7%和西部地区的31.4%，但是增幅差距在快速缩小。但在2011年和2012年，东部地区土地出让收入增幅明显放缓、降幅则明显上升，2011年东部地区1.9%的增幅远远低于中部地区33.6%和西部地区40.1%的水平，同样2012年东部地区20.7%的降幅也大大超过中部地区5.9%和西部地区1.3%的降幅。

表1.4　　　　　　　东中西部土地出让收入及增幅情况　　　　单位：亿元,%

	2009		2011		2012		2013	
	收入	增幅	收入	增幅	收入	增幅	收入	增幅
东部	12583	83.9	19642	1.9	15579	−20.7	22748	46.0
中部	2772	25.8	7565	33.6	7119	−5.9	10374	45.7
西部	1823	44.9	6269	40.1	6188	−1.3	8128	31.4
全国	17179	67.4	33478	13.8	28886	−13.7	41250	44.6

注：表中的土地出让收入是按财政部口径统计的实际入库收入，区别于国土部统计的按签订合同价款计算的出让收入。

资料来源：财政部公布的历年《全国土地出让收支状况》。

尽管土地出让收入大幅提高，但是土地出让的净收益同比增幅却始终不高，原因是各类成本性支出的增幅在大幅提高。如果把土地出让收入扣除各类成本性支出，就是土地出让的净收益，也就是政府实际可支配的出让收入，或者称为我们熟知的"土地财政"。

从图 1.16 可知，"土地财政"占地方财政收入的比重从 2010 年以来就在持续下降，从 2010 年的 30.11% 快速下降到 2013 年前三季度的 7.38%，这种自由落体式的下降，表明地方政府很难再从土地出让收入中获取足够的净收益，据此判断，在现有征地制度不改变的前提下，拆迁成本等各类成本性支出占比将会继续刚性上升，在土地出让收入总量不变的情况下，土地出让净收益将大幅下降，未来几年的"土地财政"发展模式不可持续。

（%）

□政府实际可支配出让收入占地方财政收入的比重

图 1.16　实际可支配出让收入占地方财政收入比重

资料来源：WIND 资讯库。

其次，依赖土地出让收益的民生领域支出具有不可持续性。2008 年以来，我国接连出台相关政策调整土地出让收益支出结构，将土地出让收益更多向农村建设、教育、水利、保障性安居工程等民生领域倾斜。以 2012 年为例，全国土地出让收益用于教育支出、农田水利建设支出、农村基础设施建设支出、保障性安居工程支出的比重依次为 4.66%、3.87%、8.42% 和 10.23%（参见表 1.5）。

表1.5	土地出让收益的支出结构				单位：亿元，%	
	2008年	占比	2010年	占比	2012年	占比
土地出让收益	4563.08	—	12215.99	—	6261.41	—
教育支出	—	—	—	—	269.95	4.66
农田水利建设支出	—	—	—	—	224.59	3.87
国有土地收益基金	308.91	6.74	1007.89	9.00	1017.17	17.55
农业土地开发支出	126.07	2.75	188.87	1.69		
缴纳新增建设用地有偿使用费	638.71	13.94	983.73	8.79		
保障性安居工程支出	145.57	3.18	463.62	4.14	593.01	10.23
城市建设支出	3024.02	66.0	7531.67	67.26	3204.15	55.27
农村基础设施建设支出	338.3	7.38	1021.68	9.12	488.08	8.42
土地出让收益支出小计	4581.58	—	11197.46	—	5796.95	—
土地出让收益结余	-18.5	—	1018.53	—	464.46	—

注：①土地出让收益为当年土地出让收入扣除成本补偿性相关费用后的余额。②教育支出、农田水利建设支出、国有土地收益基金、农业土地开发支出均为专项资金，结余资金按规定结转下年使用，因此，表列数字为当年实际计提数。③土地出让收益结余为当年土地出让收益与土地出让收益类支出数的差额。④教育支出和农田水利建设支出均从2011年开始计提。

资料来源：历年《全国土地出让收支结构分析》，财政部。

但是，这种依托"土地财政"保障民生领域支出的制度安排，面临可持续性的问题：一是土地出让收益的波动性大，而民生领域的支出却是刚性的。一旦土地收益大幅下降，地方政府就难以兑现各项民生保障的承诺。二是征地过程中的各类成本性支出快速上升，导致未来土地出让收益占总收入的比重仍会趋势性下降，将直接影响土地出让收益对民生领域的保障能力。

最后，以征地谋发展，必然导致政府与农民的冲突，直至形成官民对立。伴随城镇化进程，土地价值日益显化，土地增值收益迅速攀升，围绕土地利益的争夺不断加剧。由土地引发的纠纷成为群众上访的重要原因。当前我国土地利益分配问题波及的范围有所扩大，程度有所加深，问题越来越突出。最主要是被征地农民与地方政府之间的利益矛盾冲突越来越大。在现行土地利益分配格局下，被征地农民虽然获得了土地的补偿和安置款项，近年来国家又建立了被征地农民的社会保障制度，但总体看，被征地农民并没有充分分享到城市化的成果，加上少数地方在征地过程中违反程序，克扣征地款项等行为，国家级重点工程的补偿标准过低在一些地方也引起农民不满，使得征地问题成为当前影响我国社会稳定的一个突出问题。根据国家信访局统计，60%的群体性上访事件与土地有关。土地纠纷已经成为税费改革后农民上访的头号焦点，占社会上访总量的40%，其中征地补偿纠纷又占到土地纠纷的84.7%，每年因为征地拆迁引发的纠纷在400万件左右。

（二）"土地金融"愈演愈烈，金融和地方债务风险凸显

1998年的财政分权体制改革，中央拿走了75%的增值税，把当时占比非常小的土地出让金留给了地方。随着中国经济进入新一轮快速增长期，土地出让收入也快速上升。由图1.17可知，2000～2013年间，国有土地使用权出让收入从596亿元增长到4.2万亿元，年均增长38.7%。"财政保吃饭、出让收入保建设"，土地出让收入已经成为名符其实的"地方第二财政"，是地方政府搞城市建设的最重要资金来源。这种独特的土地资本化模式推动了中国的城镇化[①]。2000～2013年间全国的城市建成区面积扩增了一倍

[①]　许多文献从各角度分析了地方政府用"土地融资"推动城镇化建设，其中包括 Guang-zhong Cao. etal.（2010），刘利刚和陈少强（2006）和满燕云（2010）等。

多，期间近 20 万亿的土地出让收入发挥了极其重要的作用。

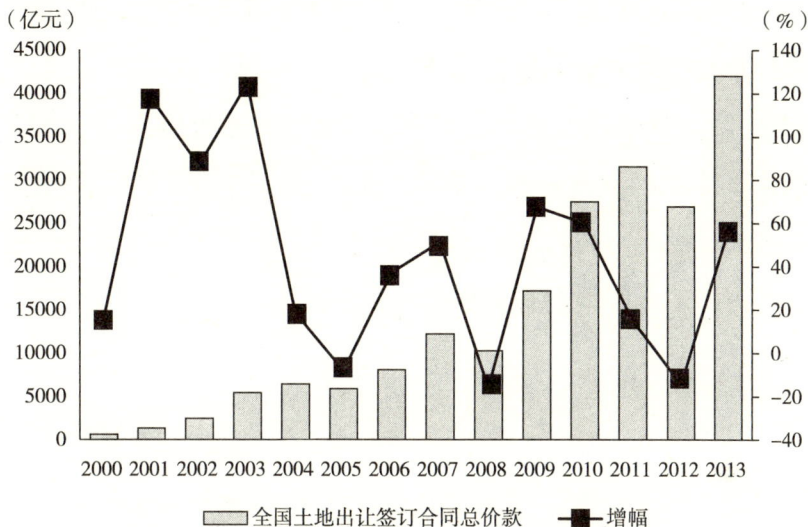

图 1.17　全国土地出让价款及增幅情况：2000 ～ 2013 年

资料来源：WIND 资讯库。

　　除了土地出让收入，土地抵押融资已成为地方政府推进城镇化过程中重要的融资来源，是土地资本化的新模式。在以土地扩张为中心的城市化过程中，金融是其中的重要环节。随着城市基础设施和房地产建设的热潮，银行信贷也大量流入这些领域。从某种意义上，讲投资拉动的城市化是围绕城市基础设施和房地产开发的城市化，而非以工业化为核心的城市化，而金融资金在这种增长模式中起了至关重要的作用。

　　据不完全统计，2007 ～ 2013 年间，84 个重点城市的土地抵押面积从 12.84 万公顷增加到 40.39 万公顷，年均新增 4.59 万公顷。土地抵押贷款金额从 1.33 万亿增加到 7.76 万亿，年均增幅为

34.2%（图1.18），这一增幅已经远远超过同期土地出让收入和净收益的增幅，土地资产的价值通过金融杠杆被迅速放大。目前，土地抵押贷款已成为金融机构最主要的一类贷款。以2008年1月~2012年11月间为例，土地抵押贷款占全国金融机构人民币各项贷款的比重从4.94%提高到9.29%，几乎翻了一番。个别大城市的这一占比已经非常高，截至2012年11月，某两个直辖市的土地抵押贷款占当地人民币贷款余额的比重分别是38.9%和31.8%。

图1.18　84个重点城市土地抵押面积和抵押贷款情况：2007~2013年

资料来源：历年《全国国土统计公报》。

"土地财政"空间的快速收缩，并不表示地方政府对土地的依赖度也在快速下降，因为以土地抵押贷款为主的"土地金融体系"已经取代了单纯的靠卖地获取出让收入的"土地财政体系"。这种增长模式是土地资源保护和有效利用受到威胁的根本原因。在土地、财政、金融"三位一体"的局面下，其中一种资源的充足供应就能对其他两种资源形成巨大的压力。这种模式决定了财政和金融资金只有与土地相结合才能真正刺激经济增长。从另一面讲，这种增长模式不从根本上加以转变，土地资源的保护和有效利用就是空话，经济的可持续发展也会受到巨大威胁。

土地抵押贷款的风险首先表现为地方政府债务风险。根据审计署对 15 个省、3 个直辖市本级及其所属的 15 个省会城市本级、3 个市辖区，共计 36 个地方政府本级 2011 年以来的政府性债务情况审计结果，发现部分地方以土地出让收入为偿债来源的债务余额增长。2012 年底，4 个省本级、17 个省会城市本级承诺以土地出让收入为偿债来源的债务余额 7746.97 亿元，占政府负有偿还责任债务余额的 54.64%。但由于近年来土地出让收入不稳定性加大，并且政府实际可支配的土地收益占出让收入的比重仍在不断下降。因此，用未来不确定性强、实际可支配收入占比在持续下降的土地出让收入作为最重要的偿债来源，会显著增加地方政府尤其是县市级政府的潜在债务风险。

相比地方政府的债务风险，更需引起足够重视的是土地抵押融资的金融风险。2012 年底债务余额中，融资平台公司举借的债务占债务总额的 45.67%，比 2010 年增加 3227.34 亿元，增幅是 22.5%。同时银行贷款又是最重要的债务资金来源，2012 年底债务余额中，银行贷款占 78.07%。目前各地的融资平台公司最重要的抵押品就是各类储备用地，一旦土地市场发生较大波动，通过影响储备土地抵押价值，平台的不良贷款率有可能较快上升，银行金融风险就会迅速积累。另外，从一些典型调查看，土地抵押融资还存在融资过程极不透明以及相当大量的违规操作等现象。2012 年，国家土地督察某局调查了 6 个城市的土地抵押融资情况，结果发现，涉及违法违规的土地宗数、面积、融资额均占土地融资总宗数、总面积和总金额的2/3左右。

（三）后备耕地资源开发潜力接近耗尽，土壤污染严重

第二次全国土地调查结果表明，1996～2009年间，工业化、城镇化的快速推进，占据了大量耕地尤其是优质耕地。13年间，全国城镇用地共增加了4178万亩，占用了大量优质耕地，相当比例的被占有优质耕地就分布在经济发达的长三角和珠三角地区。其中，包括浙江、广东、福建等在内的东南沿海5个省市就减少了1798万亩的水田，这一面积相当于福建全省的水田面积。另外，根据2005年国土资源部土地利用变更调查，我国可开发的后备土地资源面积8747.2万公顷（约合13.12亿亩），占土地总面积的9.2%。在后备土地资源中，苇地、滩涂、荒草地、盐碱地、沼泽地、裸土和其他未利用地面积分别为184.67万公顷、684.73万公顷、4950.35万公顷、1038.5万公顷、430.18万公顷、387.85万公顷和1070.93万公顷，分别占后备土地资源面积的2.1%、7.9%、56.6%、11.8%、4.9%、4.4%和12.2%，即主要为荒草地和盐碱地。

一方面是占据大量优质耕地，另一方面由于耕地后备资源严重枯竭，实现全国耕地总体能力和质量平衡的难度在增加。从区域后备土地资源数量分布来看，我国后备土地资源主要分布在干旱半干旱蒙新区及高寒的青藏区，两者后备土地资源面积合计为4031.19万公顷，占全国后备土地资源的46.09%；其次为东北区和半干旱的黄土高原区，两者后备土地资源面积为1617.89万公顷，占全国后备土地资源的18.5%；其他区域后备资源在全国后备土地资源所

占比例不大（见表1.6）。

表1.6			我国后备耕地资源状况（2005年）				单位：万公顷	
区域	省市	后备土地资源	荒草地	盐碱地	沼泽地	裸土地	其他未利用地	苇地	滩涂
东北区	黑龙江	529.33	218.75	3.33	191.39	0.28	11.96	25.67	77.95
	吉林	135.17	43.03	39.36	14.24	0.90	9.22	10.49	17.94
	辽宁	191.77	108.64	1.93	1.64	1.40	16.36	9.93	51.88
华北区	北京	15.79	14.13	0.03	0.00	0.08	0.19	0.04	1.31
	河北	297.30	234.62	11.91	1.37	1.47	12.50	4.90	30.53
	河南	137.95	81.57	0.49	0.58	6.36	16.52	0.82	31.61
	山东	115.21	53.89	22.43	0.07	0.33	5.38	7.74	25.36
	天津	10.97	2.62	0.63	0.01	0.00	0.63	2.82	4.27
黄土区	甘肃	300.32	193.80	43.32	3.67	37.51	6.79	0.53	14.70
	山西	372.91	271.32	4.77	0.31	5.63	72.18	0.56	18.15
	陕西	88.39	72.58	2.96	0.15	2.98	0.24	0.61	8.87
蒙新区	内蒙古	496.46	197.79	53.92	139.30	18.03	18.78	26.07	42.58
	宁夏	51.14	8.73	6.34	0.38	0.10	32.30	0.60	2.69
	新疆	1605.91	1009.83	393.04	31.79	87.37	41.90	15.62	26.36
长江中下游区	安徽	42.86	20.20	0.07	0.15	0.23	3.79	3.41	15.01
	湖北	159.46	121.75	0.00	0.40	4.75	0.10	3.40	29.05
	湖南	92.87	57.08	0.00	0.42	4.79	4.78	7.99	17.79
	江苏	80.36	9.86	7.30	0.37	0.30	1.63	9.87	51.02
	江西	91.31	61.80	0.00	0.38	3.29	4.94	0.58	20.32
	上海	4.78	0.29	0.00	0.00	0.00	0.27	0.02	4.20
	浙江	52.47	24.42	0.21	0.01	0.28	1.85	0.24	25.46
华南区	福建	77.21	51.98	0.04	0.03	1.29	0.80	0.15	22.94
	广东	88.15	57.84	0.20	0.20	1.86	2.26	0.28	25.51
	广西	236.50	216.67	0.19	0.14	1.30	3.45	0.13	14.63
	海南	36.51	21.57	0.17	0.13	0.13	0.03	0.01	14.48

续表

区域	省市	后备土地资源	荒草地	盐碱地	沼泽地	裸土地	其他未利用地	苇地	滩涂
西南区	贵州	63.14	60.40	0.00	0.08	0.76	0.11	0.01	1.79
	四川	110.82	70.89	0.01	7.72	4.59	17.39	0.20	10.03
	云南	456.35	428.09	0.01	0.34	21.26	0.51	0.02	6.12
	重庆	34.89	29.76	0.00	0.00	1.85	0.90	0.01	2.38
青藏区	青海	893.23	102.47	391.10	28.50	155.78	121.12	51.97	42.29
	西藏	1877.67	1103.96	54.74	6.40	22.97	662.05	0.01	27.54
全国		8747.20	4950.35	1038.50	430.18	387.85	1070.93	184.67	684.73

资料来源：土地资源战略研究课题组，《土地资源战略研究》，2010年11月。

分省区看，截至2009年底，全国共有四个省市（北京、上海、天津、海南）可供开垦的未利用土地接近枯竭，另外还有四个省份（浙江、江苏、安徽、贵州）的后备土地耕地也很有限，新增建设用地的耕地补充难度很大。虽然我国严格执行建设占用耕地的占补平衡政策，但执行过程中的"占优补劣、占近补远、占基本农田补非基本农田、占水田补旱地"等现象都比较普遍和严重。从各省（自治区、直辖市）的后备土地资源来看，我国后备土地资源主要分布在新疆、西藏两区和青海省，分别为1605.91万公顷、1877.67万公顷和893.23万公顷，三省（区）占全国后备土地资源的比例达50.04%；后备土地资源数量在200万～600万公顷的省区有黑龙江、内蒙古、云南省、山西省、甘肃省、河北省和广西省，分别为529.33万公顷、496.46万公顷、456.35万公顷、372.91万公顷、300.32万公顷、297.3万公顷和236.5万公顷；后备土地资源面积在100万～200万公顷的省区包括辽宁省（191.77万公顷）、湖北省（159.46万公顷）、河南省（137.95万公顷）、吉林省（135.17 万公顷）、山东省（115.21 万公顷）和四川省（110.82 万公顷）。其余各省区后备土地资源面积均不到 100 万公顷。

按国土资源部的分类，耕地后备资源包括可开垦、可整理、可复垦三部分。从可开垦后备耕地看，根据国土资源部 2000～2003 年间的调查评价结果，我国共有集中连片的可垦耕地后备资源 701.7 万公顷。主要为荒草地、盐碱地、沼泽地、苇地、滩涂和其他未利用地。其中，荒草地面积最大，达 361.6 万公顷，占可开垦后备耕地资源总量的 51.5%，按照《中国耕地后备资源》评价，这部分土地应该是草地，而不是未利用地，实际上荒草地多处高山、高寒区域，环境条件极差，放牧都难以利用，垦殖更不具备条件；其他未利用地占到总量的 24.4%，主要是裸地（土壤粘重、板结）、沙地（肥力低、质地差），垦殖难度大；盐碱地面积 80.0 万公顷，占总量的 11.4%，其中的重度盐碱地改良利用难度极高，轻度盐碱地开发利用也需要有灌溉和排水条件作保证；滩涂面积为 54.7 万公顷，占总量的 7.8%，其中滨湖、滨河滩涂由于水域保护不能开发，滨海滩涂开发要有水资源条件配合；沼泽地和苇地，面积分别为 19.7 万公顷和 14.6 万公顷，各自占总量的 2.8% 和 2.1%，沼泽和苇地基本上属湿地保护范畴，不能开发。根据多项典型区及全国土地利用变化研究结果，我国近年开垦的耕地绝大部分来源于草地，而不是上述类型。从分布区域看，上述可开垦的耕地后备资源中，有 67% 的面积处于干旱、半干旱区的新疆、甘肃、宁夏、青海、内蒙古 5 省，没有灌溉难以种植，而这些省区水资源均已过度开发，潜力不大。故我国可开垦后备耕地资源总体开发条件不佳，开发难度较大，潜力有限。

从可整理后备耕地看，据国土资源部 2003 年全国土地开发整理规划，我国可整理后备耕地资源潜力较大。我国现有农田中普遍存在着田块分割细碎、田坎过多、道路沟渠不整、农田基础设施不完善、零星未利用地和废弃地多的现象。通过合理规划，整治道路沟渠，平整归并零散地块，充分利用零星土地，可以增加有效耕地面积约 313.33 万公顷（4700 万亩）。农村居民点用地利用率低，北方农村居民点"空心村"多，南方农村居民点布局零散。通过对现有农村居民点逐步实施迁村并点、治理"空心村"、退宅还田等整理措施，可以增加有效耕地约 286.67 万公顷（4300 万亩）。全国土地整理补充耕地潜力约 600 万公顷（9000 万亩），2000～2007 年间已整理 45.57 万公顷。可整理后备耕地分布面广，开发难度相对较小，潜力较大。

从可复垦后备耕地看，全国因工矿生产建设挖损、塌陷和压占废弃的土地约 400 万公顷（6000 万亩），复垦可补充耕地的潜力约 153.33 万公顷（2300 万亩），其中，集中连片的约 40.67 万公顷（610 万亩）。2000～2007 年间已整理 37.79 万公顷。复垦耕地的工程成本相对较低，复垦难度较小，有一定潜力，但集中连片条件较好的后备耕地近年来已经复垦，其余的分布零星分散，开发不成规模，条件较差。污染耕地也是一种不可忽视的土地资源。污染耕地比较分散，治理成本高、难度较大，但我国已有采用植物修复技术修复成功的案例。如果有政府的大力支持，在部分地区开展污染耕地修复的条件已经基本具备。

除了耕地后备资源极其紧缺外，我国土壤污染总体形势相当严峻，成为土地安全的最大威胁。近年来，尽管全国在"三废"处理、污染控制、低毒新农药应用等方面取得了显著成绩，但全国土壤污染的发展趋势仍极不乐观。由于不合理施用化肥、农药，工业废水废气污染等原因，我国的土地污染呈现污染元素的面积增大、污染元素类型增多、污染元素含量增高的加剧趋势。据 1997 年中国环境状况公报统计，我国有 $1000 \times 104 hm^2$ 耕地受到不同程度的污染；但到 2003 年，仅重金属污染的耕地就在 $2000 \times 104 hm^2$ 以上。土壤污染元素的类型除原有的汞、镉、砷等外，又增加了放射性元素铀、钍等。并且，污染元素的含量也呈现出比较明显的增加趋势。土壤污染关乎食品安全、人类健康，严重影响土地资源可持续利用，已成为土地安全的最大威胁。

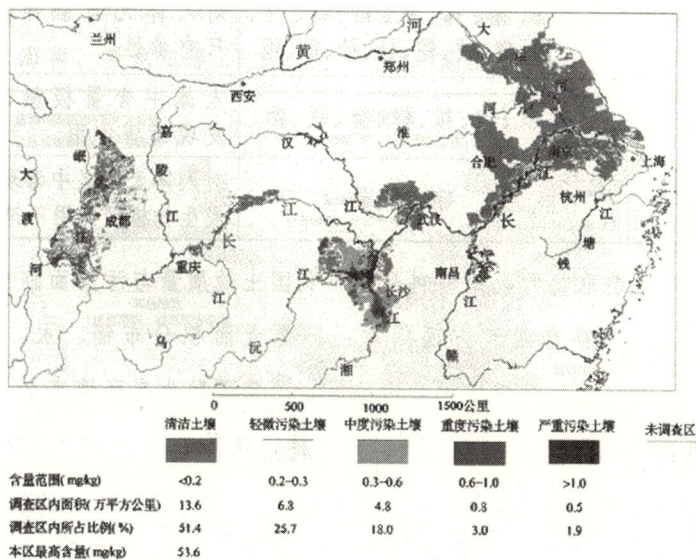

图 1.19　长江流域土壤镉污染程度分级图

资料来源：土地资源战略研究课题组，《土地资源战略研究》，2010 年 11 月。

综合分析我国土地资源利用现状和土地质量状况可见，我国土地资源总量大，但是耕地数量不足，人均占有量小。同时，耕地资源分布不均衡和水土资源的组合不协调，加剧了我国区域粮食供需矛盾，严重影响了我国土地资源的利用效率和区域粮食安全。同时，我国土地质量状况不容乐观，土壤质量状况虽有向好的趋势，但农用地质量等级总体偏低，土地退化仍然存在，土壤污染有加剧的趋势，造成我国农业生产能力低下，对国家粮食安全构成严重威胁。

（四）实际占用耕地过多，保障粮食安全难度加大

2014 年中央农村工作会议上，习近平总书记讲到土地制度改革时，强调"土地制度改革怎么改，不能把耕地给改少了、不能把粮食给改滑坡了"。对中国这样一个 13 亿人口的国家而言，要绝对保障粮食安全，做到"中国人的饭碗里，要装自己生产的粮食"，就要实现最严格的耕地保护制度。尽管 2008 年我国提出要实行最严格的耕地保护制度，但长期以来，由于我国在耕地的质量保护监管方面缺乏可操作的制度安排和技术保障，现实中耕地保护工作沿用的是一种重数量轻质量的失衡机制。在上一轮快速城市化的过程中，这种重数量轻质量的保护机制，使部分地区在补充耕地中出现了"占优补劣"、"占整补零"、"占近补远"等现象，导致优质高等耕地所占比例不断下降。2004 年《全国土地利用变更调查》报告显示，全国非农建设占用耕地面积中，有灌溉设施的占71%，但补充耕地中有灌溉设施的仅占51%。这使得有灌溉设施的耕地占比下降。全国第二次土地调查数据表明，全国有灌溉设施的耕地占所

有耕地的比重是 45.1%，东部和中部的比重较高（分别是 68.9%
和 60.8%），西部较低（39.7%），东北最低（15.2%）。

表 1.7　　　　　　　　全国耕地灌溉设施情况　　　　　单位：万公顷,%

	有灌溉设施耕地		无灌溉设施耕地	
	面积	占比	面积	占比
全国	6107.6	45.1	7430.9	54.9
东部	1812.5	68.9	817.2	31.1
中部	1867	60.8	1204.4	39.2
西部	2004.3	39.7	3039.2	60.3
东北	423.8	15.2	2370.1	84.8

资料来源：国土资源部，《全国第二次土地调查结果公告》。

同时，补划的基本农田也普遍存在占优补劣现象，新补划的基
本农田大部分位置偏远、基础设施条件较差、质量不高，粮食生产
能力减弱。高产稳产的标准粮田比例偏小，全国现有耕地中高产田
仅占 28%，中产田占 40%，低产田占 32%。

受农业结构调整、生态退耕、自然灾害损毁和非农建设占用等
影响，耕地资源逐年减少。据调查，2011 年全国耕地面积为
18.2476 亿亩，比 1996 年减少 1.2624 亿亩，年均减少 841.6 万亩。
全国人均耕地面积 1.35 亩，约为世界平均水平的 40%。随着工业
化和城镇化进程的加快，耕地仍将继续减少。另外，2008 年我国土
地利用率已高达 75.3%，土地利用率高于全国平均水平的省份有
26 个，再加上未利用土地主要分布在西北生态脆弱区，且约 2/3 为
难利用土地（主要包括盐碱地、沙地、裸土地、裸岩石砾地）。长
期过度开垦早已使宜垦土地开垦殆尽，进一步开发潜力十分有限。

宜耕后备土地资源日趋匮乏，今后扩大粮食播种面积的空间极

为有限。为了实现我国粮食安全的目标，必须保护具有一定生产能力的耕地面积。基于粮食安全的耕地需求是指在一定区域内，一定粮食自给水平和耕地综合生产能力的条件下，保障人们某一生活水平的粮食消费所需的耕地面积。耕地需求受粮食自给率、人口、人均粮食需求和耕地粮食生产能力等因素的影响。耕地需求量可用此模型计算：

$$S = \frac{D \cdot r}{n \cdot k \cdot m}$$

式中：S 为耕地需求量，D 为粮食需求量，r 为粮食自给率，n 为粮食作物播种面积占农作物总播种面积的比例，k 为复种指数，m 为粮食播种面积单产。

粮食需求量：根据我国《人口发展"十一五"和 2020 年规划》，至 2020 年，人口总量控制在 14.5 亿以内，根据国家人口与计划生育委员会测算 2033 年左右我国人口将达到 15 亿高峰。结合相关学者和机构对未来 30 年不同时期人均消费粮食水平的测算结果，取各项研究的平均值，得出 2020 年粮食需求量为 62000 万吨，2030 年是 68000 万吨。

粮食自给率：根据国家粮食安全中长期规划纲要中提出的 2020 年不低于 95% 的粮食自给率，选择 95%、90% 和 85% 三个自给率水平分别进行测算。

粮食单产：根据中国粮食单产的统计数据进行对数曲线按惯例估计，同时考虑到随着农业技术水平的提高、农田设施的改善和农业政策的激励，粮食单产有继续增加的潜力，确定 2020 年粮食单产是 5350 公斤/公顷，2030 年是 5900 公斤/公顷。

复种指数：根据国土资源公报数据对复种指数进行预测，2020年复种指数为 1.39，2020 年为 1.43，考虑到菜地等复种指数较高及撂荒等情况，确定 2020 年的复种指数为 1.35，2030 年为 1.40。

粮食播种面积比例：经过预测粮食作物播种面积占农作物总播种面积的比例，2020 年为 68%，2030 年为 66%。

根据以上数据，采用上述公式测算出耕地需求量。到 2020 年，如果我国粮食自给率保持在 95%，耕地需求量为 17.98913 亿亩；如果粮食自给率保持在 90%，耕地需求量为 17.04233 亿亩；如果粮食自给率保持在 85%，耕地需求量为 16.09554 亿亩。到 2030 年，如果我国的粮食自给率保持在 95%，耕地需求量为 17.77460 亿亩；如果粮食自给率保持在 90%，耕地需求量为 16.83909 亿亩；如果粮食自给率保持在 85%，耕地需求量为 15.90359 亿亩（表 1.8）。

表 1.8　　　　　　　　2020 年和 2030 年的耕地需求量预测

年份	粮食需求量 (10^4t)	粮食单产 (kg/hm²)	复种指数	粮播比例 (%)	自给率 (%)	耕地需求量 (亿亩)
2020	62000	5350	1.35	68	95	17.98913
	62000	5350	1.35	68	90	17.04233
	62000	5350	1.35	68	85	16.09554
2030	68000	5900	1.40	66	95	17.77460
	68000	5900	1.40	66	90	16.83909
	68000	5900	1.40	66	85	15.90359

资料来源：根据公开数据整理而成。

根据上述测算，未来仍然沿用"大量占用耕地，尤其是优质耕地"的老路来推进的话，除非突破性的技术出现使粮食单产快速提高，才能保证粮食安全这一底线不被突破。

（五）土地利用效率低下，供应结构失衡

长期以来，我国在城镇化推进过程中始终存在"土地城镇化速度"快于"人口城镇化速度"的现象。2000～2011 年间，城镇建成区面积增长 76.4%，远高于城镇人口 50.5% 的增长速度；农村人口减少 1.33 亿人，农村居民点用地却增加了 3045 万亩[①]。根据国土资源部卫星监测，在重点开发区的 19 个城市群中，有 7 个已经超过了建设用地的规模。长江三角洲（建设用地占区域总面积的比重）达到 20%，山东半岛达到 17%，北京、天津、河北达到了 20%，东京、大阪的建设密度是 15%（胡存智，2013）。

在建设用地扩张过快的同时，我国新增建设用地的效率尽管也在逐年提高，2011 年单位新增建设用地创造的 GDP、二三产业增加值和固定资产投资额分别是 466 万元/亩、420 万元/亩和 307 万元/亩，比 1997 年分别提高了 297 万元/亩、282 万元/亩和 254 万元/亩（图 1.20）。但跟发达经济体相比，目前我国单位建设用地产出水平明显偏低，仅为韩国的 18%，不及英国的 11%。1990～2002 年，我国 41 个大城市主城区用地规模平均增长超过 50%，城市用地增长弹性系数达 2.28（美国 1970～1990 年只有 1.66），超过了国际公认的 1.12 的合理界限（严之尧，2013）。

---

① 摘自《新型城镇化规划：2014～2020》中的内容。

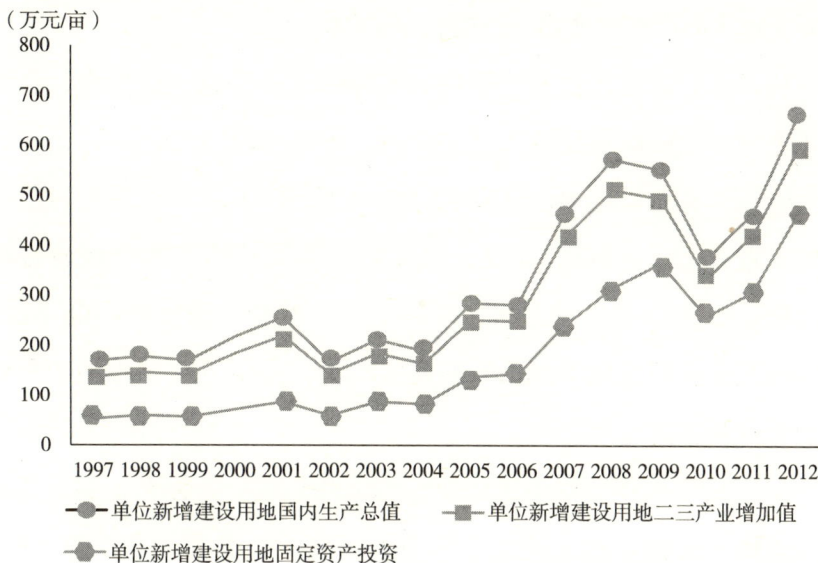

（万元/亩）

图1.20 单位新增建设用地的各项产出指标：1997～2012 年（单位：万元/亩）

资料来源：WIND 资讯库。

我国土地利用效率低下的背后，既有土地市场化配置程度偏低，也有土地利用结构不合理、工业基础设施用地"粗放式利用"的原因。

第一，土地市场化配置水平仍然偏低。国有建设用地的供应方式一般分为有偿出让和无偿划拨两类方式①，在有偿出让中，又可分为招标、拍卖、挂牌的公开方式和协议出让这两大类。一般来说，可以用"出让面积占总供应量"和"招拍挂出让面积占出让面积"这两个指标，来反映国有建设用地的市场化配置程度，前一个指标是指国有建设用地有偿供应的比例，后一个指标是指在有偿

---

① 有偿出让是针对"经营性用地"，无偿划拨用地则属于"非经营性用地"，非经营用地的概念和范围可参照《土地管理法》第54 条规定。另外，划拨用地的具体范围，可参照在2001 年国土资源部公布施行的《划拨用地目录》。

供应土地中以"招拍挂"方式出让的比例。

　　从"出让面积占国有建设用地实际供应量"这一指标看，我国近年来的土地市场化配置水平在降低。2006～2013年间，以出让方式供应的国有建设用地占比从75.9%下降到50.27%，短短六年间降低了近26个百分点。相反，以无偿划拨形式供应的非经营性用地占比从24.1%快速增加到49.73%。有偿出让比重的不断下降，非常不符合我国土地资源稀缺的现实国情，构成了我国土地利用效率低下的最重要原因之一。

　　但从"招拍挂面积占出让面积的比重"这一指标看，以有偿出让方式供应的国有建设用地内部的市场化配置程度却在快速提高。2006～2013年间，"招拍挂"面积占出让面积的比重从28.5%提高到92.3%，其中2007年和2008年的"招拍挂"占比分别是50.9%和83.9%，是期间占比提高最快的两年（图1.21）。主要原

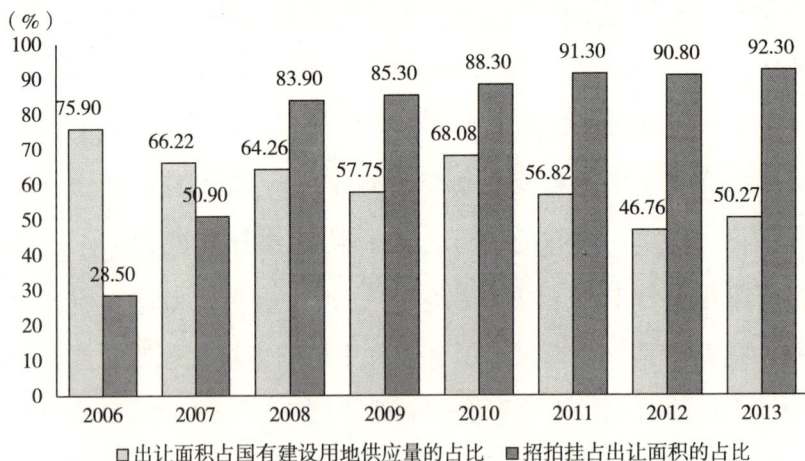

图1.21　国有建设用地出让面积占供应量的比重：2006～2013年

资料来源：WIND资讯库。

因是 2006 年和 2007 年相继出台了"要求工业用地和城市用地必须采取招标拍卖挂牌方式出让"的政策法规①，工业用地是国有建设用地出让的主要组成部分，因此将工业用地全部纳入到"招拍挂"出让方式，会大幅提高"招拍挂"出让方式的占比。

表 1.9　　　　　　　　　我国国有建设用地出让情况

年份	国有建设用地出让		招标拍卖挂牌出让			
	面积（万亩）	价款（亿元）	面积（万亩）	占出让面积比例（%）	价款（亿元）	占出让价款比例（%）
2001	135.6	1296	9.9	7.3	492	38.0
2002	186.3	2416	27.2	14.6	969	40.1
2003	290.4	5421	81.2	27.9	3072	54.7
2004	268.1	5894	78.1	29.2	3254	55.2
2005	248.4	5884	85.8	34.6	3920	66.6
2006	349.5	8078	99.8	28.5	5492	68.0
2007	339.7	11948	173.0	50.9	9551	79.9
2008	226.5	9739	190.1	83.9	9066	93.1
2009	313.3	15910	267.2	85.3	15099	94.9
2010	437.3	27100	386.0	88.3	26000	96.0
2011	500.9	31500	457.1	91.3	30200	95.9
2012	484.2	26900	439.5	90.8	25500	94.8
2013	550.5	42000	508.2	92.2	40400	96.2

资料来源：WIND 资讯库。

　　第二，土地利用结构不合理，工业和基础设施用地"粗放式利用"特征明显。首先，我国建设用地构成中的"工业和基础设施用地占比过高、住房用地占比过低"的结构性矛盾突出。2006～2013

---

①　2006 年《国务院关于加强土地调控有关问题的通知》（国发〔2006〕31 号）、2007 年《招标拍卖挂牌出让国有建设用地使用权规定》（国土资源部 39 号令）、2007 年《关于落实工业用地招标拍卖挂牌出让制度有关问题的通知》（国土资发〔2007〕78 号）。

年间，工业仓储和其他（主要是交通基础设施用地）累计使用256.6万公顷，占全部建设用地的平均比重是68.57%，2013年的占比是72.61%（图1.22）。但在各类用地供应量年均增速中，工矿仓储用地增速最低，交通基础设施用地的年均增速最高，达到34.4%、住宅用地其次（9.3%）、最后是商服用地（7.5%），最主要原因是工矿仓储用地的绝对值很大，2006年占国有建设用地供应量的比重接近50%。

表1.10	国有建设用地实际供应量及供应结构			单位：万公顷
	国有建设用地	工矿仓储	商服	住宅	其他用地
---	---	---	---	---	---
2006	30.7	15.5	3.2	6.5	5.5
2007	34.2	14.2	5.8	8.0	6.2
2008	23.5	9.3	2.7	6.2	5.3
2009	36.2	14.2	2.8	8.2	11.1
2010	42.8	15.3	3.9	11.4	12.2
2011	58.8	19.3	4.2	12.5	22.8
2012	69.0	20.4	4.9	11.1	32.6
2013	73.1	21.0	6.5	13.8	31.7
累积总和	368.3	129.2	34	77.7	127.4
年均增速（%）	14.5	4.9	7.5	9.3	34.4

资料来源：历年《全国土地资源统计公报》。

如果把住宅和商服用地加起来合并为"房地产用地"或"住房用地"，国有土地实际供应结构就变成工矿仓储、住房和其他（交通基础设施等）这三类用地，从图1.22可知，交通基础设施用地占比提高最快，从2006年的17.92%提高到2013年的43.84%，年均提高3.7个百分点；工矿仓储用地占比下降最快，从2006年的50.49%回落到2013年的28.77%，年均下降3.1个百分点。住房用地占比基本稳定，2006～2013 年间下降了 4.2 个百分点，年均下降 0.6 个百分点。

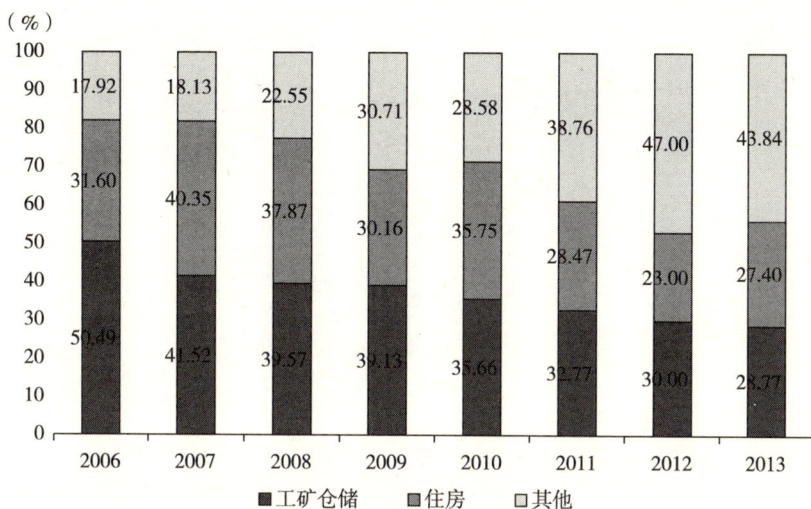

（％）

图 1.22　我国国有建设用地实际供应结构：2006～2013 年

资料来源：历年《全国土地资源统计公报》。

　　工业和基础设施用地在我国建设用地中的比重如此之高，跟我国各地区积极发展各类开发区有密切关系。我国从 1984 年建立经济技术开发区以来，开发区数量增长很快，占地规模也迅速增加。截至 2004 年底，全国 6866 个各类开发区，规划面积达到 3.86 万平方公里，超过当时的城镇建设用地规模。从图 1.23 中可知，东部地区的开发区数量最多，中部其次，西部最少。如果按照开发区的规模进行区分，面积超过 15 平方公里的大开发区和面积在 10～15 平方公里以内的开发区，大多数都在东部沿海城市。中西部内陆地区的开发区数量少，规模也相对较小（平均用地面积不到 5 平方公里）。前面提到，同国际发达经济体相比，我国国有土地利用效率不高，这与我国开发区平均土地利用效率低下有很大关系①。

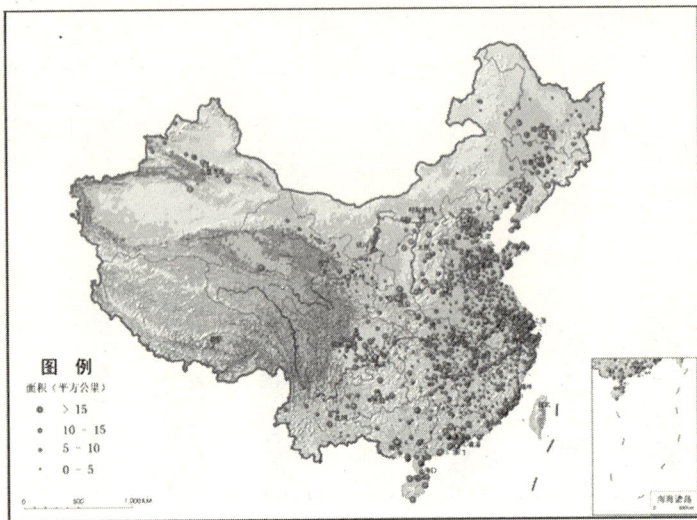

图 1.23　全国开发区分布情况

资料来源：《全国主体功能区规划——构建高效、协调、可持续的国土空间开发格局》，2010 年。

其次，工业用地的价格特别低，跟居住和商业用地价格相差过大。特别是对开发区和工矿仓储用地，地方政府出于招商引资和市县间竞争的需要，行政定价协议出让，低成本供给，造成工业、开发区用地需求增大。2012 年，我国 341 个国家级和 1200 多个省级开发区的工业用地平均产出强度为 12984.94 万元/公顷，约为 20 亿美元/平方公里，相当于发达国家的 1/5 左右②。2000～2013 年

---

① 2012 年，国土部对 341 个国家级和 1200 多个省级开发区的土地利用状况进行评价，341 个国家级开发区的工业用地固定资产强度最高是 36820.36 万元/公顷，最低仅 206.26 万元/公顷，固定资产投入强度在 2000 万元/公顷以下的有 52 个，占总数的 15.25%；工业用地产出强度最高达 249099.64 万元/公顷，最低仅 26.20 万元/公顷，产出强度在 3000 万元/公顷以下的工业园区有 68 个，占总数的 19.94%。上述资料来自国土资源部《国家级开发区土地集约利用评价情况（2012 年度）》的报告。

② 摘自国土资源部《对 341 个国家级开发区的土地集约利用评价工作（2012 年度）》的报告。

间，105 个主要城市的工业用地平均价格约 543 元/平方米，年均涨幅仅为 3.4%，而同期商业和居住用地的均价分别是 3387.6 元/平方米和 2496.1 元/平方米，年均增速分别是 10.8% 和 13.6%。2014年第一季度的全国工业用地价格仅为 712 元/平方米，商业和居住用地的价格分别是 6415 元/平方米和 5139 元/平方米，工业用地与商业和居住用地的差距仍然持续拉大（见图 1.24）。

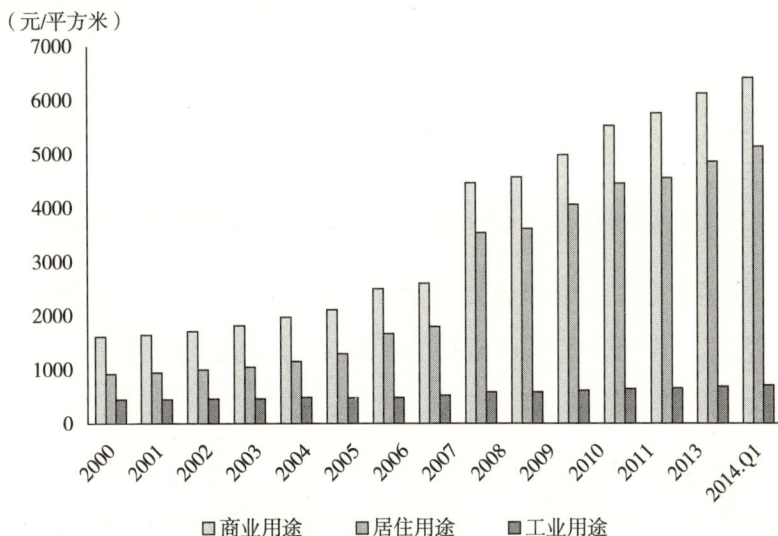

图 1.24　105 个主要城市各类用地价格水平：2000～2014.Q1

资料来源：WIND 资讯库。

四、转变国有土地经营方式的迫切性

2012 年以来，随着中国经济从高速增长阶段逐步过渡到中高速增长阶段，在过去高速增长阶段中形成的许多结构性问题已经快速显现出来，这其中包括跟传统国有土地经营方式密切相关的土地抵押贷款、地方债务、土地财政以及耕地保护、国土修复和粮食安全等重大问题。前面讲了，不管从经济社会生态环境可持续发展，还是同步推进新型城镇化、工业化和农业现代化等角度看，现行国有土地经营方式非改革不可。转变国有土地经营方式，不仅有利于土地自身的生态修复和存续利用，为保障粮食等在内的重要农产品安全提供切实保障，更有利于经济发展方式转变和向现代国家转型，重塑政府、集体和个人的土地权利体系，是提高国家治理能力的重要机遇。

（一）大规模整治和修复国土，恢复土壤生态功能

全国第二次土地调查结果表明，我国中度、重度污染土地约5000万亩，约占全国耕地面积的2.5%。并且主要分布在经济发达的长三角和珠三角地区（过去的"鱼米之乡"），并且有向中西部地区蔓延的趋势。从国际经验看，许多经济体都会在工业化和城镇化成熟阶段，才会启动大规模的国土整治和修复工程。但我国在工业化、城镇化发展中期，就提前面临了国土严重污染的问题，因此也需要相应提前启动国土整治和修复工作。

转变国有土地经营方式，是大规模整治和修复国土的最主要手段。首先是从增量扩张转为存量盘活，从源头上控制新增建设用地对剩余耕地尤其是优质耕地资源的占有数量，而在都市更新计划和城市扩张过程中的存量国有土地盘活，无论在涉及土地性质转换还是土地产权调整，都必须提前修复现有土地，恢复经济生态功能。比如，在涉及工业用地转居住用地或者城市绿地时，就必须先把工

业用地的重金属含量降低到符合居住用地和城市绿地利用的水平。另外在转变增量用地形成机制中，要建立城乡统一的建设用地市场，允许集体经营性建设用地合规入市，大幅减少国有用地占新增用地中的比重，使得建设用地增加的同时耕地数量不减少。另外，完善现有的增减挂钩和占补平衡政策，实行"先补后占"原则，提高"占优补劣"、"占近补远"、"占农田补非农田"、"占水田补旱田"的补偿比例和补偿价格，切实做到新补充耕地的质量不低于甚至还高于被占耕地的质量。

（二）重塑政府与集体、个人的土地权利关系

转变国有土地经营方式，对重构政府、集体和个人的土地权利体系有重要影响。在以经营新增国有土地为主的原有模式中，政府利用垄断征地权获取的土地增值收益最多，其次是集体和个人，个人获得增值收益的比重过低，这是近年来征地利益冲突变得日益激烈的重要原因。从产权角度讲，政府和集体分别拥有国有和集体土地的所有权，个人拥有完整的使用权以及不完整的转让、抵押、流转、担保等产权。在征地过程中，往往是所有权主体占据利益形成和分配的主导地位，使用权主体处于被动地位。但从以增量用地经营为主转到以存量用地经营为主的过程中，由于存量用地的实际占有者的各类产权已经显性化，对未来增值收益的分配有更多预期，使得传统增量用地经营方式难以持续。比如，在都市更新（有些地区叫"旧城改造"）过程中，由于实际使用者的补偿要求会远远高于被征地者，原先偏向于政府的收益格局会发生明显变化，政府不能成为更新或改造过程中的主要受益者，一般来说，个体和由个人

组成的集体组织将会获取主要比例的增值收益，政府主要从公共利益角度获取更完善的城市格局和面貌，增强公共设施的便利性。

我国土地制度的独特性，构成了政府与集体、个人在土地权利体系中的复杂博弈，重心仍是土地增值收益的分配依照哪一类产权来安排。转变国有土地经营方式，背后是不同产权所有者的利益分配关系发生深刻变化，总体上讲，属于个体及由个体组成的集体的各类产权会更加强化、成为土地增值收益分配的主要依据，属于政府的所有权在利益分配关系上会相对弱化，从增值收益的主要获取者转变成公共服务和公共设施的主要提供者，政府占增值收益中的比重基本上由提供公共服务产品的数量和质量来决定。

（三）大幅提高土地利用效率和集约化水平

从国际经验看，跟发达经济体在同样发展阶段的土地利用效率相比，我国的土地利用效率明显低下，土地集约利用程度很低。这跟传统的国有土地经营方式密切相关。在以增量经营为主的格局下，政府通过垄断的征地权，国有土地的获取成本很低，每年新增建设用地面积连创新高，在工业化和城镇化快速发展阶段，各类工业园区占据大量建设用地，单位土地的各类产出水平很低。另外，在经济发展水平高的长三角、珠三角地区，工业化进程最早是在乡镇地区和城乡结合部发生，随着产业结构升级的加快，原先这些产业逐步消亡或转移，但这些产业占据的大量建设用地仍处在低效利用阶段，经常被废弃或用于简单的仓储，盘活这些低效存量用地，是提高土地利用效率和集约化水平的重要途径。

转变国有土地经营方式的两个重要途径，就是打通城乡建设用地市场和盘活庞大国有存量用地，前者可以大幅提高集体建设用地的利用效率，后者可以大幅提高国有存量用地尤其是国有存量工业用地和基础设施用地的利用效率。从台湾地区的经验看，1958～2006年间，经过市地重划（台湾地区执行都市更新和土地整治功能的名称）后的原有土地，地价平均上涨200%～300%，区段位置好的土地价格甚至可以上升几十倍。从这个角度看，我国未来的土地利用效率提升，除了把新增用地的产出水平作为控制性指标外，更大的提升空间在庞大的国有存量用地上。

（四）落实耕地保护政策，保障耕地数量和粮食安全

我国上一轮的工业化和城镇化进程，是以占据大量耕地尤其是优质耕地作为代价的。这就引发了如何保障包括粮食在内的重要农产品有效供给的问题。1997～2011年间，我国年均减少耕地面积1437万亩，但考虑到2000～2006年间实施的"退耕还林"政策效应，如果把这段时期剔除掉，2007～2011年间，平均每年减少耕地面积490万亩。从总量上看，实施"占补平衡"政策后，耕地总量基本平衡，但耕地质量下降较快、补充耕地质量不高。如果仍然延续传统的以征收增量用地为主的经营方式，尽管耕地数量仍然能保持在一个安全区间内，耕地质量难以保证，耕地安全和粮食安全的目标也无法实现。

总的看，转变国有土地经营方式，减少新增建设用地对耕地的占用，更多利用集体建设用地和城市国有存量建设用地，这是保障国家耕地数量和粮食安全的根本途径。

（五）降低金融和财政风险，推进新型城镇化建设

中国独特的土地制度安排和相应的土地经营方式，金融和财政风险叠加累积，在经济高速增长阶段可以用高增速带来的巨大增量，来化解土地抵押贷款带来的地方融资平台和相关的银行贷款风险问题。但随着经济增长阶段转向中高速阶段，利用增量化解存量的空间已越来越小。目前这套"以地谋发展"的增长方式不可持续性越来越强，土地出让净收益的快速下降，直接恶化了以土地作为还款来源的地方政府债务的现金流，势必会有相当一部分的土地抵押贷款成为银行不良贷款。

推进新型城镇化建设，核心在于提高各类公共服务的质量和水平，更好满足人的需求。建立规范可持续的融资渠道，是新型城镇化推进是否顺利的关键。如果仍沿用传统的国有土地经营方式，不仅满足不了城镇化所需的巨大资金需求，还会恶化现有的金融和财政状况，甚至存在爆发资产泡沫和金融危机的可能性。因此，转变国有土地经营方式，把重心从与增量土地相关的"土地财政"和"土地金融"上，转到与存量土地相关的"土地基金"和"土地保有税和增值税"等方面来，是切实降低未来城镇化推进过程中金融和财政风险的战略举措。

国际经验表明，我国现有存量建设用地的再利用空间很大，通过盘活存量用地，土地利用效率可大幅提高，这是未来中国推进新型城镇化建设、拉动经济增长的重要引擎。美国和新加坡的国有土地经营体系差异较大，代表了全球两类不同的国有土地经营模式。与国际发达经济体相比，我国存量国有建设用地的结构有两个特

征：第一，工业用地占比过高；第二，以无偿划拨方式供应的用地占比过高。未来国有存量建设用地调整的方向，一个是逐步将存量工业用地转化为住房和基础设施用地、提高土地利用效率、优化国土空间布局；另一个是在处理存量的无偿划拨用地时，要完善土地税收和收益再分配机制。

近年来，我国各地区开始探索国有土地经营方式创新，在增量国有建设用地经营方式改革方面，本书选取了重庆的"地票"制度。在存量国有建设有形经营方式创新方面，本书选取了广东的"三旧改造"和"都市更新"典型做法。从两个典型经营模式创新的做法和效果看，结合国际上其他经济体的经验借鉴，未来我国国有土地经营体系的两个基本方向，分别是以增量国有土地经营为主转为以存量国有土地经营为主，以及建立"管办分离"的土地经营模式。

附录1　国土空间的分类

从提供产品的类别来划分，一国的国土空间，可以分为城市空间、农业空间、生态空间和其他空间四类。①城市空间，是指以提供工业品、服务产品及生活为主体功能的空间，包括城市建设空间和工矿建设空间。城市建设空间包括城市和建制镇的建成区，工矿建设空间主要是独立于城市建成区之外的独立工矿区。②农业空间，是指以提供农产品为主体功能的空间，包括农业生产空间和农村生活空间。农业生产空间主要是耕地，也包括园地和其他农用地等。农村生活空间为农村居民点和农村其他建设空间，包括农村公共设施和公共服务用地。耕地、园地等也兼有生态功能，但主体功能是提供农产品，所以应该定义为农业空间。③生态空间，是指以提供生态产品或生态服务为主体功能的空间。从提供生态产品多寡来划分，生态空间又可以分为绿色生态空间和其他生态空间两类。绿色生态空间主要是指林地、牧草地、水库水面、河流水面、湖泊水面等，其中有些是人工建设的如人工林、水库等，更多的是自然存在的如河流、湖泊、森林等。其他生态空间主要是指未利用地中除河流水面、湖泊水面以外的具有特定生态意义的生态空间类型，具体包括荒草地、盐碱地、沼泽地、沙地、裸土地、裸岩石砾地等自然存在的自然空间。林地、草地、水面虽然也兼有农业生产功能，可以提供部分林产品、牧产品和水产品，但其主体功能应该是生态，若过于偏重于其农业生产功能，就可能损害其生态功能，因此，林地、草地、水面等应定义为生态空间。④其他空间，是指纵横于上述三类空间中的交通、能源、通信等基础设施，水利设施以及军事、宗教等特殊用地的空间。

资料来源：http://baike.baidu.com。

附录2　不同城市等级、人口规模和名称

表1.11　　　　　　　　不同城市等级、人口规模和名称

城市等级	人口规模	城市名称（不包括港澳台）
小城市	<50万	克拉玛依、拉萨、丽江、日喀则
中等城市	50万~100万	蚌埠、湘潭、阜新、防城港

续表

城市等级	人口规模	城市名称（不包括港澳台）
大城市	100 万～200 万	包头、南充、福州、徐州、厦门、吉林、珠海、大同、齐齐哈尔、宜昌、西宁、赤峰、呼和浩特、衡阳、银川、武威
	200 万～300 万	大连、南宁、石家庄、乌鲁木齐、无锡、贵阳、宁波、枣庄、南昌、合肥、海口、兰州
特大城市	300 万～500 万	郑州、哈尔滨、杭州、长春、青岛、济南、昆明、长沙、唐山、太原
	500 万～1000 万	武汉、天津、广州、西安、成都、南京、沈阳
巨大型城市	>1000 万	上海、北京、重庆、深圳

资料来源：中科院遥感所再生资源室。

附录3　国有土地经营方式历史演变和研究综述

一、我国国有土地经营历史演变

在中国历史上各个朝代，都有数量不一的国有土地。相应地，国有土地的各类经营方式长期存在，从最早的井田制，到授田制、屯田制和均田制等，都是土地国有制的不同表现形式。在中国历史上，政府直接经营和建立租佃关系是国有土地的两类主要经营方式，在不同历史时期和发展阶段，上述两类经营方式的比重不一。秦汉以后，土地私有制成为主导，但国有土地仍以国家直接经营的方式大量存在。隋唐以来，我国国有土地的经营方式发生重大变化，逐步由国家直接经营转向租佃关系的调整。等到两宋时期，租佃关系已经成为国有土地最主要的经营方式。就租佃关系而言，"公田输租、私田输赋"是普遍的。原因是，公田所有权是国家的，只是出让使用权；私田所有权是个人的，跟国家的关系是赋税关系。

西周的土地所有制，是国家土地所有制，是封建国家以政治权力将原来农村公社的土地公有制转变过来的，不同于战国时期与土地私有制并存的封建土地国有制（李埏和武建国，1997）。"溥天之下，莫非王土"，反映了以周王为代表的国家政权对全国范围内的土地所有权。西周的国有土地经营方式，是周王将土地分封给各诸侯来实现的，这些诸侯拥有土地占有权但没有所有权，即所谓"等级土地占有制"。

在春秋战国时期，助和彻是两种不同的公有土地配授办法。前者有公田，后者无公田。前者以八家农户为一单位，集体配授农地。助法就是"井田制"的具体经营方式。据《孟子·滕文王公上》对井田的描述是，"方里而井，井九百亩。其中为公田。八家皆私百亩，同养公田。公事毕，然后敢治私事。"，就是说公田是靠农民共同来维护。但这里的"公田"和"私田"，指的都是国有土地，私田是分配给农夫的份地，生产物归农夫所有，并实行"二十受田，六十归田"的还授制度。

农地"彻"有"通"的意义，可以解释是将原来分划的公田私田打通成一片，以每一农户为一单元，分别配授。助法改彻法后，每人可能是终身只授田一次，长期耕作，就接近私产制度。配得的公有土地慢慢向私有土地演变。等到秦朝商鞅变法时，只不过把当时普遍存在的私有制，用法律的形式固定下来。

在秦代土地所有制结构中起主导作用的是封建土地国有制，由国家所有制、皇族占有制和大土地占有制三方面构成。但也通过

"使黔首自实田"的方式，允许部分私有制存在。

汉代基本沿袭了秦朝的土地所有制结构，只有到东汉末期，王莽成为推行土地国有制的最积极者，要求私有者交出土地给国家，结果弄得"农商失业、食贷俱废，民人至涕泣于市道"。最后，王莽也承认失败，重新肯定土地的私有权。

北魏的均田法是晋以来最重要的土地制度变革，也是秦废井田后两千年内最重要的一次土地制度变革。主要原因是：①战争，留下许多无主的荒地。农民流落城市，成为游民。②许多大族没有南迁，留在北方，结成民间自卫力量。许多农民变成大族的荫附人口，不向政府纳税。因此，人口与土地不匹配，偏远地区有大量荒地、大族集聚区的人口过多，政府又收不上税。为使人地关系合理化，就推行"均田制"。

均田制的基础是土地国有化。男女都是从 15 岁开始受田，70 岁或死亡时还田。不过，均田制并未完全放弃土地私有制。像桑田、宅田都是私人所有，只不过对拥有数量有一定限制。北魏后，北齐、北周、隋及唐初，各朝都沿袭均田法，但在具体规定上有一些变动。均田制的弊端在于：①人口越来越多，地不够分了。到后面，只是形式上可以分到这么多地，实际要少许多。②土地分割、零碎化程度严重。"生受田、死收田"，最后一家一户的地就分布在不同地方，零碎化程度很高。③私有土地的比例越来越高，包括各类赐地都允许买卖。均田制实施多年后，出现的一个普遍现象是，在土地分割严重的情况下，农户就把边远的地租给别人，再去租靠近自己住所的地。当时的租佃契约出现得很多，也证实了农户间土地自发调整的事实。

隋唐的"官田"或"公田",包括官庄、屯营田、官荒田、没官田、职田、公廨田等,其中,除职田和公廨田外,一般由国家直接经营。唐中期以后,随着均田制和府兵制的破坏,屯营田也逐渐由国家直接经营向租佃经营方向转化。

明代末期,官田日趋衰败。顾炎武在《日知录》中讲到"南京各衙门所管草场田地,佃户亦转相典卖,不异民田"。明清的土地买卖更为频繁,以前禁止买卖的族田、旗地也进入了市场。地权转移频率很高。"千年田、八百主","十年之间,已易数主"。

1949 年以来,我国土地制度和管理体系经历了几个阶段:第一阶段是 1949 年到 1985 年,我国土地制度变化比较频繁,缺少系统的土地法律规定,管理混乱,在土地管理方面基本是以计划经济和行政管理手段为主。1982 年前,我国城市土地的所有权在法律形态上是不清晰、不明确的。其中,有三类城市土地归国家所有,一类是从以往政府手中继承的国家土地;第二类是新中国取得政权后,没收的封建官僚资本家的土地;第三类是国家在建设过程中不断征用形成的国家所有土地。在当时的城市当中,还有相当多的土地是私人,这部分土地的所有权实质是私人。1982 年的《宪法》(修正案)确立了我国土地所有权的社会主义公有制特征,即城市的土地属于国家所有,农村和城市郊区的土地,除由法律规定属于国家所有的以外,属于集体所有;宅基地和自留地、自留山,也属于集体所有。

第二阶段是 1982 年到 1998 年,基本形成以耕地保护和用途管制为核心的土地利用管理体系。1998 年 8 月 29 日第九届全国人民代表大会常务委员会第四次会议审议并通过全面修订的《中华人民共和国土地管理法》，这是《土地管理法》颁布之后的第二次进行修改。1998年《土地管理法》对中国的土地制度建设具有重要的历史性意义。从此，建立了以耕地保护为核心，以控制农用地转为建设用地和控制建设用地总量为主要内容的土地用途管制制度——即确定土地分类，将土地分为农用地、建设用地和未利用地，严格控制农地转为建设用地，严格控制建设用地总量，严格农地转为建设用地的审批。同时强化了土地违法行为监督检查和处罚的规定，建立了耕地占补平衡，完善了土地利用总体规划和土地计划管理、征收补偿、基本农田保护等土地管理制度。

第三阶段是1998年至今，主要是完善土地权利体系和推进城乡一体化土地市场。2004年8月28日第十届全国人民代表大会常务委员会第十一次会议通过的土地管理法修正案。这次修改是根据2004年3月第十届全国人民代表大会第二次会议对《宪法》第十条第三款有关土地征用的内容的修改。即"国家为了公共利益的需要，可以依照法律规定对土地实行征用"，修改为"国家为了公共利益的需要，可以依照法律的规定对土地实行征收或者征用，并给予补偿"，保证土地管理法与宪法一致。

2007年10月1日起实施的《物权法》对中国土地权利、土地登记、耕地保护、土地征收、建设用地管理等做出规定和创新。在现行国土资源法律制度之上，《物权法》对土地所有权、建设用地使用权、土地承包经营权、宅基地使用权和矿业权等都有改革和创新。《物权法》贯彻平等保护原则，在土地物权体系方面作出了多项创新性规定：明确了建设用地使用权的设立方式，明确了建设用地使用权的空间范围，明确了建设用地使用权期满续期和地上建筑物的归属问题，还明确了集体土地的产权代表。这些规定对现有的建设用地使用权制度体系进行了较大的改革和创新，有的甚至是历史性的突破。

土地制度改革的另一个突破口是打破城乡二元的土地权利体系。从十七届三中全会提出"逐步建立城乡统一的建设用地市场"，到十八届三中全会提出"建立城乡统一的建设用地市场，实现农村集体经营性建设用地与国有土地同等入市、同地同权；赋予农民更多的财产权利"，确立了新时期土地制度改革的目标和方向。

归纳一下，我国的土地国有制和国有土地经营方式经历了从秦到清的数千年变迁，对当前我国的国有土地经营方式也有很大影响。从历史上看，至少有以下三方面的启示。

第一，土地国有制的首要目标是"耕者有其田"。李埏和武建国（1997）认为，土地国有制的首要原则是平均分配土地给农民耕种，按照"先贫后富，先无后少"的原则，把农民提高到自耕农的状况。孙中山先生提出的"耕者有其田"口号，正是基于我国有悠久的国有土地经营传统。而中国共产党在20世纪30年代的《兴国土地法》（大纲）中就明确提出"耕者有其田"口号，台湾地区在20世纪50年代的土地改革也是以"耕者有其田"作为重要目标。从这个逻辑看，我国历史上尤其在土地占有极度不均衡的阶段，通过政府扩大国有土地比重，再通过将国有土地分配给缺地少地者，成为政府的一项重要公共职能。这一历史传统直接影响了大陆地区和台湾地区的土地改革思想。

第二，土地国有制的实现并不必然要剥夺土地私有制。以唐代的均田制为例，授田的是国有土地，但并不没收私有土地。首先是承认私人的土地所有权，再把国有土地授予无地少地的贫苦农民，使之成为自耕农。这一点尤为重要。1949 年以前，两千多年来尽管有个别朝代实施过短暂的土地完全国有化政策（如王莽），但绝大多数时期都是以土地私有制为主。因此，国有土地的存在或者说占全部土地的相当比例，并不妨碍私有制占主导的土地制度。1949 年以来，我国从土地私有制向土地国有制和集体所有制的过渡也经历了 30 多年，直到 1982 年宪法明确规定"城镇土地属于国有，农村土地属于集体所有"，才彻底取代土地私有制。在这个过程中，客观地讲，没有遵循历史上国有土地变迁的普遍形态，即目前的土地国有制是通过剥夺私人土地而形成的，而不是与私有土地制共同存在。

第三，国有土地有偿出让制度是公有土地租佃关系的演变。1979 年，《中外合资经营企业法》规定，合营企业要向中国政府缴纳场地使用费。这打破了 1949 年以来的国有土地无偿使用制度。1987 年，深圳首次出让一块期限为 50 年的土地使用权。1988 年，《土地管理法》（修订）规定"国家依法实行国有土地有偿使用制度"。从此，我国的国有土地有偿出让制度正式形成并不断完善。如果把 1949～1979 年这三十年的国有土地无偿使用阶段视为"异常时期"的话，1979 年以后的国有土地有偿出让制度其实就是历史上国有土地租佃关系的演变。两者的核心是一致的，就是坚持所有权和使用权的分开，并赋予使用者其他的土地权利（比如抵押权、担保权和使用权的转让和处置权）。

二、国有土地经营研究综述

张千帆（2010）认为，对于城市"国有土地"，"全民"所有权只能是一种名义所有权，土地使用权实际上属于特定个人、企事业单位、政府机构，街道、广场等使用权不隶属于特定主体的公地则由政府"托管"。1982年宪法宣布城市土地"国家所有"并未剥夺任何个人或单位的土地使用权，至多是确认了政府作为"无主"公地的管理主体。既然人民仍然拥有原先的土地使用权，政府不仅需要补偿被征收房屋，而且需要依情形适当补偿被征收的土地使用权，否则就违反了宪法第13条对征收"给予补偿"的要求。

另外，土地作为不动产，具有天然的资产特征，土地资产证券化在国外发达经济体已运行多年。土地资产证券化就是把土地（或者对土地的出租）能够得到的收益，作为担保（抵押品）发行证券，然后把这些证券卖掉（野口悠纪雄，1997）。考虑到我国的国有土地所有者是国家，又是一次性出让多年使用权（30~70年不等），因此每年的租金回报在出让之初就确定了，没有市场化租金的波动。因此，跟香港等地区的土地基金以及德国、美国等的土地银行等土地资产运营模式不同，大陆地区的国有土地资产证券化进程必须会跟上述经济体有所差异。

一些学者主张"通过将现有的国有土地储备中心改造成独立的土地资产经营公司"，开展以土地出让价格的年度平均值作为现金流，来发行土地证券。康雄华（2003）主张建立独立的土地资产经营公司，认为目前的国有土地储备中心负责运营国有土地，存在以下弊端：一是资金结构不合理，主要以财政资金和土地抵押贷款为主；二是国有土地的管理与经营职能混淆；三是行政干预很强，难以发挥土地市场作用。考虑到土地资产同时具有资本逐利性和社会目标公益性，康雄华（2003）认为应把土地区分成公益性用地和经营性用地，现有的土地储备中心负责运营公益性用地，由财政出资。把经营性用地剥离开来，由土地资产经营公司运作。

朱道林（2011）建议成立土地基金，这是仿效香港地区的做法，规定每年把一定比例的土地出让收入纳入到土地基金池里，国家再统筹使用这些基金收入，这一做法的好处是实现了"土地出让收入和支出的相对稳定性"，即不会因为某一年土地出让收入大幅波动，而影响既定的支出规模和结构。这就使得土地基金具有积累性、稳定性等特点，也使土地基金的证券化成为可能。在土地基金管理和运营部门相分离的前提下，运营部门可聘用专业投资机构，用市场化手段负责运营土地基金，包括基于这些基金收益形成的土地证券发行等。土地储备中心要与现有的土地投资经营公司等经营性企业相脱离，不参与具体的运营，只负责考核基金的保值增值情况。

另一类学者主张，成立土地银行是我国大陆地区土地资产证券化的主要形式。从国际经验看，德国是最早建立土地银行的经济体，其初衷是解决农民合作社的资金需求问题。即农民合作社中的社员把自已土地交出来，统一归到合作社里，合作社再利用这些土地作抵押，向金融机构申请贷款。随着业务量的扩大，后来就逐步形成了这一专门为农民土地抵押贷款业务而建立的金融机构，即土地银行。从这个意义上讲，目前所有的土地银行都是基于农村土地私有制的金融机构，并且这一金融机构还具有鲜明的政策性特征

（主要为农民合作社服务）。

在土地私有制经济体中，也都存在一定比例的国有土地，但普遍以国家公园、生态保护区等公益性用地为主。在经济和社会发展的各个阶段，也会发生由于公共利益的需要对私人土地进行征收的国有化过程。一类是征地模式，另一类是在各区域发展下的开发权转移（TDR，Transfer of Development Rights）。存量土地，如收回违规用地、收购破产或搬迁用地单位的划拨土地，为公益事业需要在二级市场上收购的土地等。

第二章
国有存量建设用地的再利用空间

　　本章从国际比较的视角，找到土地资源状况跟我国大陆地区相似的经济体（日本、台湾地区和香港地区），将我国大陆地区目前的国有存量建设用地结构跟处在我国类似发展阶段的这些经济体用地结构进行比较，得出"我国无偿划拨占地过大、工业用地比重过高"的结论。假设我国大陆地区的国有存量建设用地占比达到上述三个发达经济体的平均水平，就意味着未来至少要把存量工业用地的占比减少27个百分点、住房用地占比上升3个百分点以及基础设施用地占比增加24个百分点。降低存量工业用地的比重，并转化为居住、商业服务、城市绿地等其他类型用地的过程，就蕴含着提高存量建设用地利用效率的巨大空间，也是未来国有存量建设用地经营的重要方向。

一、我国当前国有存量建设用地的利用情况

　　工矿仓储用地占比逐步下降、住房用地占比相对稳定、基础设

施用地占比上升较快，是我国 2006～2013 年间国有建设用地实际
供应量的结构变动特征。其中，工矿仓储占比从 50.4% 下降到
28.8%；住房用地占比从 31.6% 回落到 27.4%；基础设施用地占
比从 17.9% 上升到 43.8%。从绝对值看，2013 年基础设施用地占
比已远远超过工矿仓储和住房用地占比，后两类用地的占比非常
接近。

表 2.1　　　　　　　　　　我国存量建设用地结构　　　　　　单位：万亩

年份	存量建设用地合计			
	合计	居民点工矿用地	交通运输用地	水利设施用地
1996	43771	36113	2542	5116
1997	44242	36464	2628	5150
1998	44542	36631	2721	5190
1999	44954	36862	2844	5248
2000	45278	37063	2924	5291
2001	45623	37314	2998	5311
2002	46086	37643	3115	5328
2003	46597	38031	3218	5348
2004	47327	38593	3350	5384
2005	47884	39023	3463	5398
2006	48547	39532	3593	5423
2007	49080	39971	3666	5443
2008	49587	40375	3744	5468
2009	50163	40767	3900	5497
2010	51181	41523	4138	5520

资料来源：WIND 资讯库。

从存量看，1996～2010 年间，我国存量建设用地从 43771 万亩
增加到 51181 万亩。其中，居民点工矿用地从 36113 万亩增加到
41523 万亩，年均增加 386 万亩；交通运输用地从 2542 万亩增加到
4138 万亩，年均增加 114 万亩；水利设施用地从 5116 亩增加到

5520 万亩，年均增加 29 万亩。2012 年，全国城乡用地的内部比例是：城镇工矿：农村居民点≈3：7，我国人均城乡用地 182 平方米（胡存智，2012）。

从结构看，1996～2010 年间上述三类用地的占比都很稳定。居民点工矿用地的占比最高，平均占比是 82%；水利设施用地的平均占比是 11%；交通运输用地占比最低，平均值只有 7% 左右。

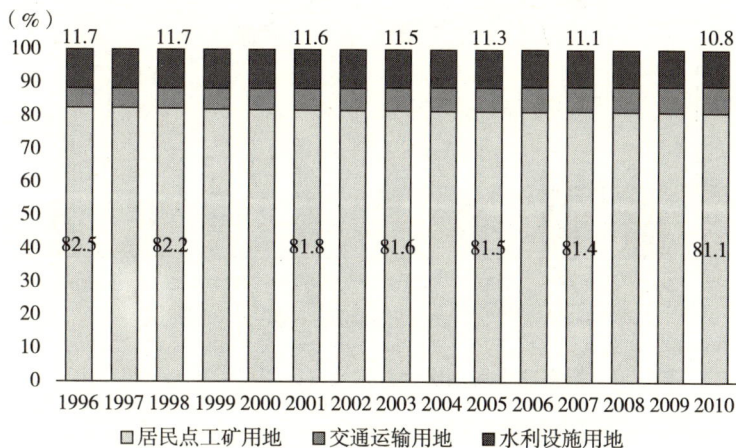

图 2.1 存量建设用地的利用结构：1996～2010 年

资料来源：WIND 资讯库。

无偿划拨①和有偿出让是目前我国国有建设用地供应的两大方式。有偿出让中又可进一步区分协议、招标、拍卖、挂牌等方式。相当一部分无偿划拨用地是各类政府用地和城市基础设施、公益事业用地等。2006～2013 年间，国有建设用地的有偿出让面积占比从

---

① 《中华人民共和国土地管理法》第五十四条和《中华人民共和国城市房地产管理法》第二十三条规定，下列建设用地，经县级以上人民政府依法批准，可以以划拨方式取得：（一）国家机关用地和军事用地；（二）城市基础设施用地和公益事业用地；（三）国家重点扶持的能源、交通、水利等基础设施用地；（四）法律、行政法规规定的其他用地。

76%下降到50%。相应地，无偿划拨用地占比从24%上升到50%。这是造成我国当前国有建设用地利用效率低下的重要原因，在我国人均拥有土地面积远远低于国际平均值的情况下，仍有一半左右的用地处在近似无偿使用状态，这是存量建设用地结构失衡的最突出表现。

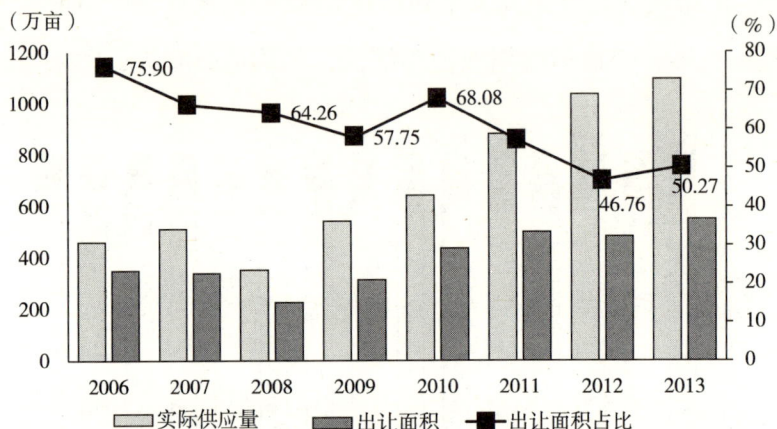

图2.2　国有建设用地出让面积及占比情况：2006～2013年

资料来源：历年《全国国土资源统计公报》。

二、发达经济体的建设用地利用结构演变

（一）日本全国和三大都市圈的建设用地结构

日本土地的分类跟我国有所差异，分为农用地（包括农地和采草放牧地）、森林、原野、水面（包括河）、道路和宅地①（包括住

---

①　在日本，宅地是指建筑用地（land for building），包括住宅地（residential land）、工业用地（industrialized land）和其他用地（other building land）。其他宅地相当于我国定义的"商业服务用地"，即非住宅地。

宅地、工业用地和其他）和其他用地。跟中国一样，日本是一个土地资源非常稀缺的国家，人多地少是基本国情。在 37.78 万平方公里的总土地面积中，森林和农地就占了 80% 左右。日本过去经历了快速的工业化和城市化进程，建设用地占比提高较快，从 1963 年的 4.2% 上升到 2002 年的 16.5%。但总体来说，作为一个已经完成工业化和城市化进程的发达经济体，日本建设用地占全部国土面积的比重不高。

按照日本的国土分类标准，道路、住宅地、工业用地和其他宅地可归到我国定义中的建设用地。为简便起见，将住宅地和其他宅地定义为住房用地，道路用地和其他用地作为基础设施用地的替代变量。

从图 2.3 可知，1963～2002 年间，日本建设用地结构演变的基本特征是：工业用地占比相当稳定、住房用地比重有所回落、基础

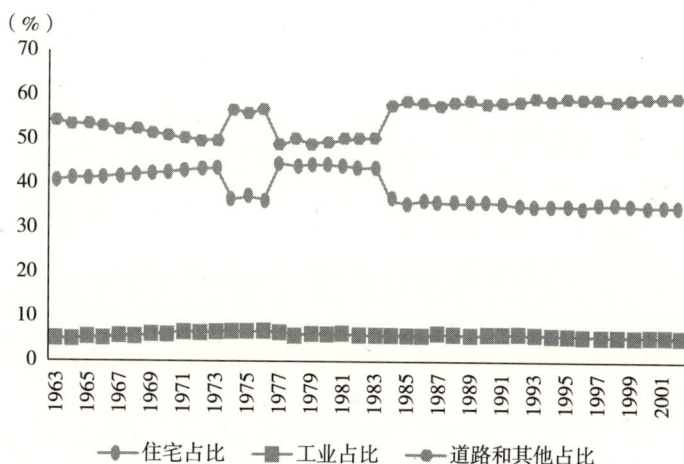

图 2.3 日本建设用地的利用结构：1963～2002 年

资料来源：日本统计局，历史数据库第 1 类第 8 项（按土地分类的区域，1963～2002 年）。

设施用地占比有所上升。其中，工业用地占比始终维持在5%～7%之间，住房用地和基础设施用地的平均占比分别是38.9%和55.2%。

都市圈优化发展是日本城市化进程中的基本特征。按照日本的城市分类，共有东京、名古屋和大阪这三大都市圈①，三大都市圈外的其他所有城市都属于地方圈。从图2.4可知，1963～2002年间，日本三大都市圈的建设用地结构中，工业用地占比从11%回落到7%左右，反映了高速发展期过后工业逐步被服务业代替的这一事实。住宅用地占比从54%下降到42%左右，基础设施用地则从35%上升到51%左右，变动趋势跟全国一致。但从绝对比重看，2002年三大都市圈的住宅用地占比要比全国水平高出8个百分点。

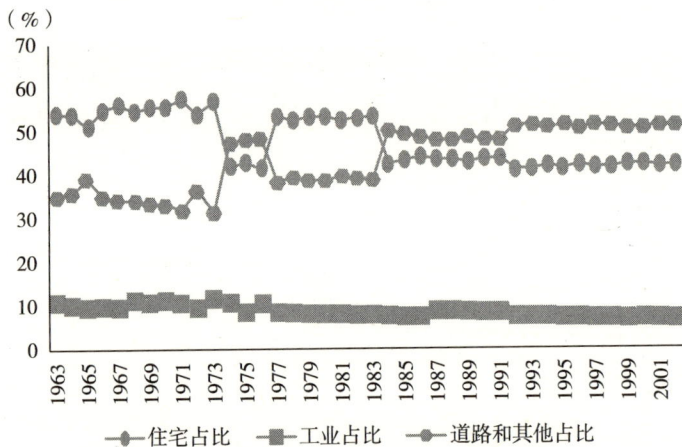

图2.4　日本三大都市圈的建设用地利用结构

资料来源：同图2.3。

---

①　东京圈指埼玉、千叶、东京和神奈川。名古屋圈指岐阜、爱知和三重。大阪圈指京都、大阪、兵库和奈良。

（二）台湾地区都市发展区的建设用地结构

台湾地区的土地有多种分类方式，其中一类是按都市发展区和非都市发展区来划分。台湾法律规定，非都市发展区不允许搞开发建设的，区内只有农业区、保护区、风景区和河川区。因此，这里用都市发展区内的土地分类来代替台湾地区建设用地的利用结构。都市发展区的土地使用分类复杂一些，分为特定专用区、公共设施用地区、文教区、行政区、工业区、商业区、住宅区和其他。

按照我国大陆地区的分类口径进行归并，工业区的土地归为工业用地，商业区和住宅区的用地归到住房用地，文教区、行政区、公共设施及特定专用区的用地归到基础设施用地。从图2.5可知，2001～2012年间，台湾地区都市发展区的三类用地占比都很稳定。其中，工业用地占比始终保持在11%左右，住房用地和基础设施用地分别保持在36%和50%左右。一个可能的原因是，在2001年前

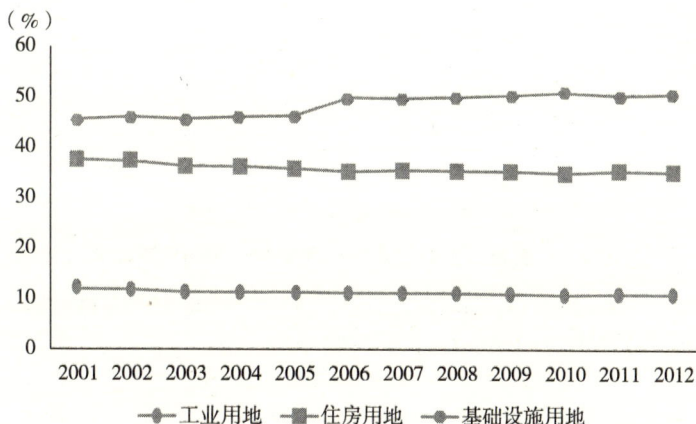

图2.5　台湾地区都市发展区建设用地利用结构：2001～2012年

资料来源：WIND资讯库。

台湾地区的工业化和城市化任务已基本完成，使得土地利用结构保持基本稳定。

（三）香港地区的建设用地结构

按照香港统计处的土地分类标准，香港地区的建设用地可分为住宅用地、商业用地、工业用地、机构和休憩用地、运输及其他都市或已建设土地①。为便于比较，把住宅用地和商业用地归并为住房用地，机构和休憩用地、运输及其他都市或已建设土地归并为基础设施用地。

从图2.6可知，2000～2012年间，香港地区这三类建设用地的

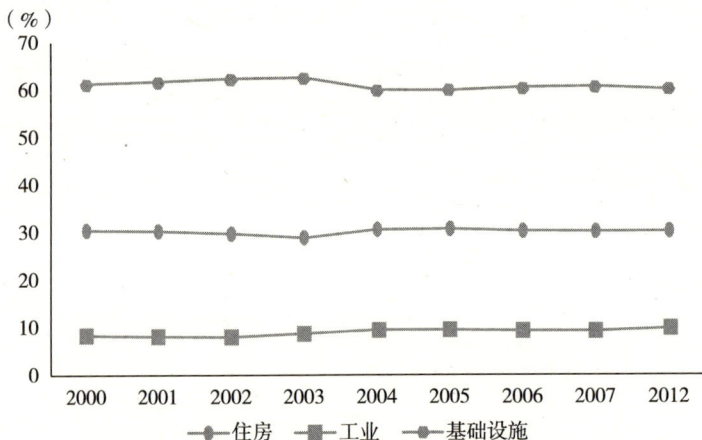

图2.6 香港地区建设用地利用结构：2000～2012年

资料来源：2000～2007年间的数据来自《国际大都市建设用地规模与结构比较研究》一书，2012年数据来自香港统计处《2012年全港土地利用情况概况》。

---

① 住宅用地包括私人住宅、公营房屋、乡郊居所；商业指商业、商贸和办公室；工业指工业用地、工业村、货仓和贮物处；机构和休憩用地包括政府、机构和社区设施、休憩用地；运输用地指道路、铁路和机场；其他都市或已建设用地指填场和火葬场、公用事业设施、空置或正在进行建筑工程及其他。

占比变动均不大。其中，住房用地占比在 2000～2003 年间小幅下降，2004～2012 年间小幅上升后就一直保持在 30% 左右的水平；工业用地在 2000～2012 年间反而有所上升，从 8.26% 提高到 9.81%；基础设施用地也基本保持在 60% 左右的水平。

三、未来我国存量国有建设用地调整的空间

跟国际发达经济体相比，我国存量国有建设用地的结构有两个特征：第一，工业用地占比过高；第二，以无偿划拨方式供应的用地占比过高。未来国有存量建设用地调整的方向，一个是逐步将存量工业用地转化为住房和基础设施用地，提高土地利用效率、优化国土空间布局；另一个是在处理存量的无偿划拨用地时，要完善土地税收和收益再分配机制。

从表 2.2 可知，日本、香港地区和台湾地区的住房用地平均占比是 35%，工业和基础设施用地平均占比分别是 10% 和 55%。我国大陆地区在 2006～2013 年间，住房、工业和基础设施用地的平均占比分别是 32%、37% 和 31%。跟上述三个发达经济体的用地结构相比，我国大陆地区的工业用地占比高出 27 个百分点、住房用地占比低于 3 个百分点、基础设施用地占比低于 24 个百分点。假设我国大陆地区的国有存量建设用地占比达到上述三个发达经济体的平均水平，就意味着未来至少要把存量工业用地的占比减少 27 个百分点、住房用地占比上升 3 个百分点以及基础设施用地占比增加 24 个百分点。

表 2.2　　　　　建设用地利用结构的各经济体比较（％）

占比	日本 （1963～2002）	香港地区 （2000～2012）	台湾地区 （2001～2012）	平均值	中国大陆 （2006～2013）
住房用地	39	30	37	35	32
工业用地	6	9	13	10	37
基础设施用地	55	61	50	55	31

资料来源：根据图 2.3、图 2.5 和图 2.6 的数据整理而成。

四、实行"调结构、优布局、提效率"
的存量用地政策

我国存量用地规模巨大，现有利用效率不高，未来要通过"调整结构、优化布局"来提高土地利用效率。建议现阶段通过两类途径推进：一是建立和完善城镇空闲、闲置用地的监测、回收、重新投入等处置机制。1996～2009 年间，城镇用地增长了 2.53 万平方公里，是原规模的 1.5 倍，但全国城镇仍有空闲用地 619 万亩，相当于全国年均新增建设用地量。现行法律规定闲置土地两年以上的，要无偿收回。但执行得很差，很多开发商闲置好几年，地方政府也没有收回。建议要严格按照 2012 年新出台的《闲置用地处置办法》，闲置一年以上未动工建设的，要缴纳闲置费，标准不低于出让收入的 20％；土地闲置满 2 年，依法无偿收回；按其闲置年限收取累进增长的闲置费。二是完善城市存量用地再开发机制。随着中国工业化和城镇化的推进，城市的建设规模不断扩充，原有的城市格局需要调整，面临城市土地使用更新的问题；存在基础设施跟不上城市建设发展要求，需要改造和完善；原有相对粗放的土地使用方式，需要盘活和提高土地使用效率。城市土地更新和存量土地的二次开发已逐步开始。建议在总结地方试点经验基础上，依照国家相关法律法规规定，制定城市土地更新的国家法规。

附录1　未来20年我国建设用地总量 需求和结构变化预测

如果按我国工业化城市化实际用地进行趋势外推（趋势外推方案），到2020年，我国建设用地、"居民点和独立工矿区用地"及城镇建成区面积分别为38.53万平方公里、31.10万平方公里、13.51万平方公里；到2030年，分别为41.31万平方公里、33.27万平方公里、17.50万平方公里。

如果按世界各国工业化城市化的用地规模供地（世界平均方案），到2020年我国建设用地、"居民点和独立工矿区用地"及城镇建成区面积分别为40.29万平方公里、31.94万平方公里、14.66万平方公里；到2030年分别为44.53万平方公里、34.57万平方公里、19.68万平方公里。

按照集约、节约用地要求供地（更加集约方案），到2020年我国建设用地、"居民点和独立工矿区用地"和城镇建成区面积分别为38.00万平方公里、30.57万平方公里、13.00万平方公里；到2030年分别为40.25万平方公里、32.23万平方公里、16.36万平方公里。按方案三计算，到2030年我国建设用地总量和"居民点和独立工矿区用地"的总量分别控制在占全国土地总量的4.5%和3.4%之内。

表 2.3　　未来我国"居民点和独立工矿区用地"和城镇建成区面积预测结果

	人口（万人）		人均用地（m²/人）			用地总量（万平方公里）		
	总人口	城镇人口	建设用地	居独用地	城镇建成区	建设用地	居独用地	城镇建成区
方案一、世界平均方案								
2008	132802	60667	249.0	202.8	131.7	33.07	26.93	8.12
2010	135415	65135	252.4	205.2	135.9	34.18	27.79	8.85
2015	139600	76277	260.9	211.4	146.4	36.42	29.51	11.17
2020	143116	86328	269.2	217.3	156.5	38.53	31.10	13.51
2025	145314	94047	275.7	222.6	166.2	40.06	32.35	15.63
2030	146247	99638	282.5	227.5	175.6	41.31	33.27	17.50
2050	150000	127500	312.4	249.6	215.4	46.86	37.44	27.46
方案二、趋势外推方案								
2008	132802	60667	249.0	202.8	131.7	33.07	26.93	8.12
2010	135415	65135	254.4	206.2	138.1	34.45	27.92	9.00
2015	139600	76277	267.9	214.7	154.0	37.40	29.97	11.75
2020	143116	86328	281.5	223.2	169.8	40.29	31.94	14.66
2025	145314	94047	293.0	229.5	183.6	42.58	33.35	17.27
2030	146247	99638	304.5	236.4	197.5	44.53	34.57	19.68
2050	150000	127500	354.2	266.3	257.2	53.13	39.95	32.79
方案三、更加集约方案								
2008	132802	60667	249.0	202.8	131.7	33.07	26.93	8.12
2010	135415	65135	251.8	204.5	134.9	34.10	27.69	8.79
2015	139600	76277	258.6	208.8	142.8	36.10	29.15	10.89
2020	143116	86328	265.5	213.6	150.6	38.00	30.57	13.00
2025	145314	94047	270.4	217.2	157.2	39.29	31.56	14.78
2030	146247	99638	275.2	220.4	164.2	40.25	32.23	16.36
2050	150000	127500	299.3	236.6	194.0	44.90	35.49	24.74

注：城镇建成区包括独立工矿用地。

从建设用地结构变化看，未来20年我国"城乡居民点和独立工矿用地"比重将略有下降，因为扩张最快的城镇建设用地将主要靠"城乡居民点和独立工矿用地"内部结构调整来解决，但比重将继续保持在 80% 左右；交通运输用地比重则继续保持上升态势，因为我国公路、铁路和管道网络建设以及机场港口等交通枢纽建设仍然任重道远，土地占用面积增长还将继续保持较快的速度；水利设施用地比重将会有所降低，因为我国主要大型水利基础设施建设基本完成，未来这类用地增加有限（见表 2.4）。

表 2.4　未来 20 年我国建设用地结构变化预测（按更加集约方案计算）

年份	数量（万平方公里）			比重（%）		
	总量	居民点和独立工矿用地	交通运输用地	水利设施用地	居民点和独立工矿用地	交通运输用地	水利设施用地
2000	30.06	24.58	1.95	3.53	81.78	6.49	11.73
2007	32.72	26.65	2.44	3.63	81.44	7.47	11.09
2008	32.99	26.86	2.49	3.64	81.43	7.53	11.03
2010	34.10	27.69	2.71	3.70	81.20	7.94	10.86
2015	36.10	29.15	3.18	3.77	80.75	8.80	10.45
2020	38.00	30.57	3.61	3.82	80.45	9.49	10.06
2025	39.29	31.56	3.93	3.80	80.33	10.00	9.67
2030	40.25	32.23	4.27	3.75	80.07	10.62	9.31
2050	44.90	35.49	5.83	3.58	80.00	11.00	9.00

数据来源：根据全国土地利用变更调查数据推测而成。

附录 2　未来 20 年我国城市用地总量需求及结构变化预测

据统计，1996～2013 年间我国城市建设用地年均增加 1746.24 平方公里，年均增加幅度为 6.5%。按照更加集约方案的要求，假定 2013～2030 年间城市建设用地年均增长 4.5%。其中，2013～

2020 年间年均增长 5.0%，2021～2030 年间年均增长 4.0%（2031～
2050 年间按年均增长 3.5% 计算），城市用地需求总量预测结果为：
2020 年城市建设用地总量将达 5.51 万平方公里，2030 年将达 6.64
万平方公里（见表 2.5）。

表 2.5 未来 20 年我国城市建设用地总量需求和结构变化预测（更加集约方案）

年份	数量（平方公里）				比重（%）		
	城市用地总量	居住用地	工业用地	其他城市用地	居住用地	工业用地	其他城市用地
2000	22114						
2007	33923	10497	7446	15980	30.94	21.95	47.11
2008	39141	11290	8035	19815	28.85	20.53	50.63
2010	43152	12588	8643	21921	29.17	20.03	50.80
2015	47576	14258	8935	24383	29.97	18.78	51.25
2020	55075	16947	9655	28474	30.77	17.53	51.70
2025	59001	18538	9605	30858	31.42	16.28	52.30
2030	66369	21284	9975	35109	32.07	15.03	52.90
2050	93169	32302	9345	51523	34.67	10.03	55.30

从结构变化趋势看，这里将城市用地结构分为工业用地、居住
用地和其他城市用地三类。由于我国工业化城市化整体上还处于快
速发展的中期阶段，城市用地结构存在着工业用地偏多、居住用地
偏少和其他城市用地（如道路用地、绿地等）也偏少的"一多两
少"的格局。根据城市用地结构演变的一般规律，到 2030 年工
业化城镇化历史任务基本完成之后，我国城市用地结构将发生较
大变化。具体预测结果，2020 年和 2030 年我国城市用地中居住
用地比重将分别提高到 30.77% 和 32.07%；工业用地比重分别降
低到 17.53% 和 15.03%；其他城市用地比重分别提高到 51.70%
和 52.90%。

第三章
国有土地经营方式的国际比较：
以美国和新加坡为例

　　各经济体的国有土地经营模式差异很大，这同该经济体的基本国土情况、经济社会发展阶段、政治制度甚至文化传统有关。但如果做一个简单的划分，总体上可分为两类：一类是国有土地不过多参与经营性事业，而主要用于保障国家安全和推进公共事业的用途（比如行政、军事、城市基础设施等）以及用于维护自然生态和天然风貌（比如国家公园、自然生态保护区等），对国有土地的经营主要出于公益性、生态性考虑，市场效益考虑较少；另一类是国有土地的经营与市场化原则充分融合，在保障公共利益的同时，充分发挥了国有土地的市场获利能力。政府通过国有土地的利用规划，兴建各类产业园区，并灵活安排国有土地的租赁期限（没有严格意义上的出售行为）和征收高比例的土地增值税，来保证国有土地增值收益的合理分配。

　　美国是上述第一类国有土地经营模式的代表，新加坡则是第二类经营模式的典型。因此，本章选取美国、新加坡这两个典型经济体，对他们的国有土地经营方式进行比较分析，总结两类国有土地经营模式的差异性和共同点，并提出对我国创新国有土地经营方式的几点启示。

一、美国的国有土地经营方式

在美国，公共土地一般是指联邦政府所有的国有土地，主要用于水源、木材、矿产、野生动物管理、风景、环境教育等方面。目前，联邦政府拥有 635 百万英亩～640 百万英亩的土地，占美国国土总面积（22.7 亿英亩）的 28%（Gorte *etal.*，2012）。其中，有 609 百万英亩的土地由内政部的四个部门（农业部的森林服务部门、国家公园服务部门、土地管理署以及渔业和野生动物服务部门）管理。

联邦政府所有的土地实际上分成两大部分，一部分是已开发的土地（Developed Land with Building），一般称之为不动产（Real Property）；另一部分是未开发的土地（Undeveloped Land with no Improvement），一般称之为公共土地（Public Land）。从数量上看，1990～2010 年间，由各机构持有的联邦土地面积从约 647 百万英亩减少到约 629 百万英亩，共减少 18 百万英亩，降幅达到 2.79%。主要原因是这段时期内土地管理署处置了超过 24 百万英亩的国有土地。

表 3.1	由各机构持有的联邦土地面积		单位：英亩	
	1990 年	2010 年	变化量	变化程度（%）
森林服务署（USFS）	191367364	192880840	1513476	0.79
国家公园服务署（NPS）	76133510	79691484	3557974	4.67
野生动物服务署（FWS）	86822107	88948699	2216592	2.45
土地管理署（BLM）	272029418	247859076	−24170342	−8.89
国防部（DOD）	20501315	19421540	−1079775	−5.27
总和（Federal Total）	646853714	628801839	−18051875	−2.79

资料来源：Gorte *etal.*，《Federal Land Ownership：Overview and Data》，Congressional Research Service，2012。

从分布来看，美国联邦政府所有的绝大多数土地都在西部地区和阿拉斯加[①]。2010 年，阿拉斯加属于联邦所有的土地面积占该区域土地面积的比重是 61.8%，其次是西部各州（47.3%），除了阿拉斯加和西部各州以外的其他州占比仅有 4.1%，全国属于联邦所有的土地面积占比是 27.7%。

表 3.2	2010 年美国的国有土地区域分布情况			单位：英亩
	阿拉斯加	西部各州	其他州	总和
森林服务署（USFS）	21956250	141762880	29161710	192880840
国家公园服务署（NPS）	52620514	20140186	6930784	79691484
野生动物服务署（FWS）	76626272	6424637	5897790	88948699
土地管理署（BLM）	72958757	174512265	388054	247859076
国防部（DOD）	1686371	13222343	4512826	19421540
总和（Federal Total）	225848164	356062311	46891164	628801639
区域土地面积	365481600	752947840	1152914460	2271343360
占比（%）	61.8	47.3	4.1	27.7

资料来源：同表 3.1。

---

① 阿拉斯加 62% 的土地是联邦所有。其他各州平均只有 4% 的土地是联邦所有。

（一）经营方式的演变过程

第一阶段：19 世纪中期至 20 世纪 30 年代，逐步把部分公共土地转化为私有土地。美国的公共土地最早是由 7 个早期殖民者将 2.36 亿英亩土地转让给联邦政府的。这个阶段，国土资源管理特别是公共土地管理的主要目的是把隶属于国家所有的公共土地转移为私人财产，以此来鼓励定居和开发，土地管理的方式也较为粗放，这是美国当时的经济、社会发展要求所决定的。1787 年美国成为一个独立的国家时，政府在大西洋沿岸获得了大量土地，这些土地主要分布在原来国土的西部，此后数年中，美国政府还通过购买获得了大量土地。如此一来，美国政府就成为了大量土地的拥有者，公共土地面积从北美大陆一直延伸到太平洋海岸线。但是大量地占有土地并未给美国的社会经济发展带来预期的推动作用，国家的财富也并未出现量级的增加，特别是西部偏远地区，由于定居的人群规模非常小，几乎没有任何自主性的土地开发，反而需要政府进行大量的财政投入来进行土地的维护。政府在土地管理过程中逐渐认识到土地私有制对优化土地资源的重要意义，开始考虑将大量的公共土地出售给个体，并允许土地在私人间的自由买卖。自 19 世纪中期至 20 世纪 30 年代，美国政府实施了很多政策以鼓励公共土地私有化的发展，同时也建立了相应的土地登记机构来保障土地所有者的权利。当然，政府并不是将全部的公共土地都私有化，联邦政府、州政府以及各个地方政府保留了部分土地，主要用于建设单个土地所有者难以自行或通过交易与合作而实现的公共项目，如公共交通、公共服务（学校、政府建筑、警察局、消防设施等）、公共基础设施等，而对其他一些贫瘠、偏远、无法激发土地购买者购买需求的公共土地，政府也继续持有，并逐步将其改造为国家公园、自然保护区或军事基地等，以求最大程度地从土地使用中获得最大的经济收益。

第二阶段：1930 年至 1960 年，开始把用途利用作为公共土地管理的主要目标。上一阶段的公共土地管理制度极大程度地促进了美国公共土地开发利用的进程，但过度地开发利用也诱发了许多经济、社会以及生态环境问题。政府开始将公共土地和公共资源的多用途利用作为公共土地管理的主要目标，并采用调整的方法来协调竞争性利用，以防止对土地开发利用造成不利影响。总体而言，这个阶段的公共土地管理仍是上一阶段粗放管理的延续，但政府出台了一系列法规措施来加以限制，对土地的优化利用开始进行分类，采用购买、没收、交换来优先保护公共土地。

第三阶段：20 世纪 60 年代至今，明确服务于国家利益的国有用地处置准则。在 20 世纪 30 年代推行土地分区制管理（zoning）的基础上，各州先后通过有关法规，对公共土地开始实行严格的依法规划，科学管理。进入 60 年代后，美国全面进入了科学、依法管理公共土地的阶段。1964 年，美国《土地分类和多用途使用法》颁布，为决定土地应该作为保留地或是开发地提供了标准。1976 年《联邦土地政策与管理法》明确规定"公共土地保留为联邦所有，对土地的处置要服务于国家利益。"在这个阶段，更侧重于生态环境的保护，在 1969 年颁布的国家环境政策法中，还明文规定了对公共土地以及公共资源实行保护性开发。1997 年，美国国会通过《联邦土地政策和管理法》，对公共土地管理的地位和职责，以法律的形式给予了进一步的明确和界定。

（二）管理机构的主要职能

为强化公共土地管理职能，早在 1903 年，联邦政府就在农业部下设了联邦土地开垦局，以保证能最充分、最有效和最持久地使用公共土地以及附属其上的各种资源。1946 年，在原国家土地办公室的基础上，设立了隶属内务部的国家土地管理局，并在全国各地设立了不同层级共计 141 个派出机构，主要负责管理 2.61 亿英亩的公共土地，规范全国的土地交易行为以及指导、协调和规范各州和私人土地利用行为。目前，美国已建立了集中、统一、综合、垂直的四级土地管理网络，联邦政府、州政府与各地政府在公共土地管理方面的权限范围和职责也在法律法规中进一步明晰，形成了条与块、联邦与地方各司其职的管理体制。

1. 国有土地的出售和出租行为

按照美国的法律，联邦政府所拥有的公共土地、经济资源和不动产是可以出卖或出租的。哪一级政府所有的土地、资源和不动产，原则上由该政府部门出售或出租。内政部土地管理局主要负责其所有的公共土地和地下矿产的出售和出租。它出售的土地主要有三种情况：①偏僻的、孤立的地块，管理十分困难或很不经济的土地；②过去为专门用途而征用，现在已不再需要的土地；③对公共项目，如社区扩展、经济发展十分重要的土地。

土地管理局会对出售国有土地作出一些规定和限制：①联邦法规定，土地局的公共土地只能出售给美国公民或符合联邦和州法律的公司；②土地的用途必须符合土地利用规划；③出售的土地一般为不适合农业用途或缺乏农业潜力的土地，并且所处位置不好或具有独特的特性，如将其作为公有土地的一部分纳入管理既不可能又不划算，也不适合于交由联邦的其他部、署、局去管理；④国有土地出售价格以不低于公平的市场价格为原则；⑤国有土地出售面积超过 2500 英亩时，须经参、众两院批准。

土地的出卖或出租主要通过市场竞争方式进行。土地局作为卖主，通过拍卖和招标形式公开出卖，出价最高者购得土地。价格完全是根据市场价格而定。由于土地商品的特殊性，一般是逐块地，具体地确定地价（Case – by – Case），因此，各块土地的价格各不相同，不存在所谓平均地价。

对于市政设施建设需要的公共用地，美国推行所谓申请"地段权"（Right – of – Way）制度，即建设供水、输油、煤气、供电、运输、通信等设施中需要利用内政部土地管理局所有的土地时，市政设施建设者（包括个人、公司和政府），可以向土地管理局及所属地区机构提出"地段权"申请，经土地管理局及所属地区机构批准同意后取得一定时期的使用权，实际上是出租给建设单位使用。使用单位必须按照申报时确定的用途和期限来使用土地。在使用和建设过程中，土地管理局及所属地区机构要进行跟踪检查，如果使用单位不按申请时确定的用途使用土地，土地管理局及所属地区机构有权收回其使用权。使用单位要获得公共土地的这种使用权，在申请过程和使用土地中需要交纳三项费用：①申请费（Application Fee）。该项费用是交给国家的，是为了补偿申请过程中国家支付的费用，费额是根据土地管理局处理申请事务所需要的实际开支来确定。如果是州政府或地方政府申请用地，而土地又完全用于公共目的，可以不交此项费用。②监测费（Monitoring Fee），这是向国家交纳的一次性费用，其用途是为了国家对申请土地的环境和条件进行必要的勘察，使土地管理局及地区机构对地段权的实施情况，如建设、操作、维护进行监测。费额亦根据土地管理局完成此项工作所需要的支出来确定。③租金（Rental Fee），这是土地所有权的实现，是使用者按年支付的。租金的高低根据市场价格来确定，但是在申请过程中，出租者（土地管理局及所属地区机构）能够评估地段权的价格。

美国城市土地出租的租期一般为 50~70 年，这同一般建筑的经济寿命、实体寿命保持一致，使投资者有足够的时间得到补偿，收回投资，获得利润。如果租期再长，超过 70 年，会影响土地的再开发。使用单位可以出售和转让地段权，但要报请土地管理局及所属地区机构批准。

2. 利用土地债券发行等方式，建立和发展联邦土地银行

1916 年，美国联邦土地银行成立。当时是解决美国由于农产品过剩而导致的农业危机频发的问题。当时主要有三类资金来源：一是吸收股金。1916 年，联邦政府财政部共拨款 889.12 万美元用于 12 家联邦土地银行开业，约占银行股金总额的 80% 以上。正常营业后，基层农业贷款合作社向土地银行借款时必须缴纳借款额的 5% 作为股金。随着合作社认缴股金的逐渐增多，至 1931 年，政府股金几乎全部收回，美国联邦土地银行也就从最初的政府控股银行，演变成为完全由农民自有自营自享的银行。二是发行土地债

券。联邦土地银行的大部分资金通过发行土地债券筹集。债券由12个区的土地银行独立发行，债券总额不能超过各行所有股金和公积金总和的20倍，抵押物是土地以及股金、公积金。债券刚发行时，大多数是被财政部收购。后来12家土地银行相互担保，联合发行土地债券，增强了债券的市场吸引力。目前，联合发行已成为土地债券的主要发行方式。三是提取盈余公积金。在正常的业务过程中，联邦土地银行必须提取经营净收益的一定比例作为公积金留存，每半年计算分配一次。在盈余公积金总额未达到银行股金的五分之一以前，须从净收益中留存25%作为盈余公积金，其余75%的净收益给予农业贷款合作社，作为合作社的发展基金和社员分红。

美国联邦土地银行的经营目的是利用农户拥有的土地融通资金，为农业生产和与农业生产有关的活动提供长期信贷资金和服务，并且通过信贷活动，调节农业生产规模和发展方向，贯彻实施政府农业政策，对农业实施有效控制，促进农业持续、健康发展。因此，从业务上来讲，美国土地银行只从事农地信贷业务，而对于那些结算、债券兑付等银行业务的需求，是委托附设、联合的银行或其他银行办理，以最大限度地降低经营成本。

（三）经营方式的特点

前面指出，美国国有土地经营方式经历了三个阶段的演变，在经营目标、经营机构和管理模式等方面，逐步形成了比较规范和成熟的操作模式。

第一，逐步从早期的出售谋利为主，转向注重保护生态环境和自然资源合理开发。美国的四个国有土地管理机构，共同的目标是生态保护、国民娱乐和自然资源开发。比如，国家公园服务机构管理着遍布全美 397 个区域的 8000 万英亩土地，主要负责保护土地以及自然资源，任何耕种或转移资源的做法都是禁止的。从表 3.3 可知，1781～2011 年间，美国总共处置了超过 1287 百万英亩的公共土地。其中，根据各类法案授予给各州（除阿拉斯加外）和公共机构（部队、铁路公司等）的公共土地就超过 553 百万英亩，授予给阿拉斯加和当地土著居民的公共土地面积超过 142 百万英亩，最后授予或卖给私人农场主 591 百万英亩的公共土地。

表 3.3　　　　　　　公共土地的处置：1781～2011 年

类型	英亩数
利用其他方式处置的	303500000
授予或卖给私人农场主的	287500000
总和	591000000
授予给各州的	
支持公共学校的	77630000
开发沼泽地的	64920000
用于铁路建设的	37130000
支持各类机构的	21700000
目的难以归类的	117600000
用于沟渠和河流的	6100000
用于四轮马车道路建设的	3400000
总和	328480000
利用其他处置办法授予的	
授予给铁路公司的	94400000
授予给部队作为军事边界	61000000
确认为私人土地所有权的	34000000

续表

类型	英亩数
根据《木材和石头法》出售的	13900000
根据《木材文化法》授予或出售的	10900000
根据《沙漠土地法》出售的	10700000
总和	224900000
授予给阿拉斯加和当地土著居民的	
州的运输工具	99100000
当地土著的运输工具	43700000
总的	142800000
全部处置面积总和	1287180000

资料来源：美国土地管理局，《美国公共土地年鉴》(2011)。

第二，国有土地一般不允许成片出让，只能零星出让。美国法律规定，国有土地出让一般是零星出让，不能成片出让。最重要的原因是，各级政府要充分占有国有土地的收益。具体理由：一是如果实行成片出让土地，土地使用的主动权完全掌握在受让者手里，很难保证完全按出租时的规定（规划）使用土地，从而不能达到国有土地出让的预期效果。二是土地开发和使用必须投入大量基础设施建设，而城市基础设施建设具有整体性和超前性，不能因某一片土地而延期投资建设。如果承租者不按期进行自身的主体工程和基础设施建设，有意无意地闲置土地，待周围地区基础设施改善后，他的这片土地因周围基础设施建设和完善，而增加了土地价值，因而坐享其成。城市基础设施建设的利益落入他人之手。三是小块土地出让和开发，可以刺激对相邻地块的需要，这样不仅可以继续出让相邻地块的土地，而且其土地价格将随之提高。国家又可以继续以较高价格出让旁边的土地。如果是成片出让，国家就无法得到这种利益，其利益完全让承租人独得。四是国家及城市的经济社会发展很快，目前对五十年后的发展很难精确预测，出让条例（或合同）再完善，也难以估计五十年后的变化。零星出租有较大的伸缩性和主动权，可以依据变化的形势采取相应的政策和方针，而成片出让却失去了这种主动权。一旦城市建设发展需要该片土地或其中的一部分，国家和城市往往处于被动地位，或必须付出高昂的代价。五是城市土地总是在不断增值，成片长期出让土地难以计算其土地增值额，国家得不到土地增值带来的利益。

第三，具有完善的国有土地管理的法律法规体系。根据美国宪法规定，国会有权处置制定必要的规则或法令管理美国领土和财产。为维护土地所有制和土地资源及其环境，从 1785 年制定的第一个土地法令至今，美国总共出台了上千个与国土资源管理有关的政策、法规，与各州、县、市、区的相关法规一起，形成了完整的法律法规体系，为国土资源管理依法行政提供良好法律基础。立法是美国土地资源管理的基础和依据。目前跟土地资源管理有关的法律包括：《荒野法》（1964 年）、《国家野生生物庇护系统管理法》（1966 年）、《国家环境政策法》（1969 年）、《林地利草地牧场可更新资源计划法》（1974 年）、《联邦土地政策和管理法》（1976 年）、《资源保护和复原法》（1976 年）、《水土资源保护法》（1977 年）、《国有草地牧场改良法》（1978 年）、《林地和草地牧场资源推广法》（1978 年）、《阿拉斯加国家利益土地保护法》（1980 年）、《国家环境政策法》、《海岸带管理法》、《原生态环境保护法》、《资源保护和恢复法》、《露天开矿控制和复垦法》、《免耕法》等。

二、新加坡的国有土地经营方式

新加坡是一个城市国家，仅有 693.66 平方公里的国土面积。人多地少是基本国情，新加坡政府高度重视集约节约用地、提高土地利用效率。国有土地占全部国土面积的 87% 左右，新加坡政府通过完善的国有土地管理和经营机构，利用精细化的国有土地规划和增值收益合理分配，在国有土地发挥对公共利益事业的支持外，还特别强调了国有土地经营的市场效益和制度安排的灵活性。

（一）国有土地的概念及分布

新加城的国有土地是指除了以下三种土地外的所有土地：①由政府以绝对所有权或永久房地产的形式合法转让的土地，或订立契约而转让的。②由政府依合法协议、租约或许可而转让的土地。③作为国家公园或自然保护区的土地。国有土地包括所有基于协议之下而转让或占有的土地，或基于合法让渡或收回或强制征收的土地而出租或许可的土地，或政府合法没收的土地或归属于政府的土地，而由人民合法持有者。新加坡国有土地的经营方式和美国不一样，主要体现在政府直接经营获利、以租赁为主的处置体系以及比较灵活的国有土地利用规划。

新加坡现有国土面积 69366 公顷。其中，约 87% 的土地归国家所有，大约 29%（20300 公顷）由法定机构所拥有，58%（40800

公顷）直接由部门与新加坡土地管理局（Singapore Land Authority，SLA）（法务部下面的法定机构）掌控，58%中约有三分之二由政府部门使用，其余三分之一由新加坡土地管理局（SLA）管理。

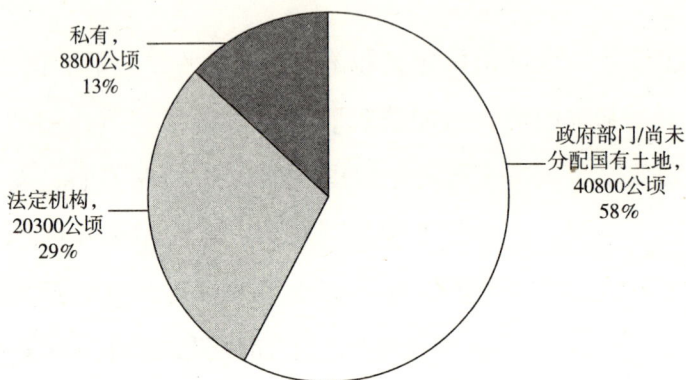

私有，8800公顷 13%

法定机构，20300公顷 29%

政府部门/尚未分配国有土地，40800公顷 58%

图 3.1　新加坡土地所有权分布

数据来源：新加坡土地管理局，《新加坡国有土地租赁、出售办法文件汇编》，www. sla. gov. sg。

新加坡经济最重要的特征之一，就是政府拥有超过80%的新加坡土地，1960年时只有44%的土地系属政府所有。后为公共利益，政府于1967年开始严格执行《土地征收法》，此法规定征收补偿的支付价格由国家决定，因此许多土地以低于市场的价格被征收，帮助政府降低住宅提供成本，尤其对早期住宅的建设特别有帮助，也增强了国家对于新加坡都市开发方面的控制权。1973年《住宅财产法》进一步规范了新加坡人民与认可的购买者对于住宅财产（包括空地）的购买或移转程序。最新的法律是2001年出台的《新加坡土地管理局法》，规定土地管理局的功能与权力。

表 3.4 新加坡国有土地法律体系

时间	名称	主要内容
1998 年 10 月 6 日	界限与测绘地图法（Boundaries and Survey Maps Act）	规定土地划界、界限标示的建立与维护与某种测量地图的发布
1941 年 1 月 1 日	土地收益收取法（Land Revenue Collection Act）	规定土地收益的收取
1967 年 6 月 17 日	土地征收法（Land Acquisition Act）	规定为了公共或某些其他特殊目的而征收土地，且补偿的评估与征收目的相关内容
1968 年 5 月 15 日	土地权利（阶层）法（Land Titles（Strata）Act）	促进新加坡的规划与改善，对于土地开发课予开发负担和与其他相关的目的
1973 年 9 月 11 日	住宅财产法（Residential Property Act）	限制新加坡人民与认可的购买者对于住宅财产（包括空地）的购买或移转，与规定其他相关的事务
1991 年 8 月 30 日	土地测量员法（Land Surveyors Act）	建立土地测量员局，规定土地测量的登记与辅助测量员的同意，管制土地测量员的资格与操作，并且管制新加坡提供测量服务的公司
1994 年 3 月 1 日	土地权利法（Land Titles Act）	土地权利登记的规定
1998 年 4 月 1 日重新修订	规划法（Planning Act）	规定新加坡的规划与改善，与土地开发的相关内容
1998 年 11 月 30 日	契据登记法（Registration of Deeds Act）	关于契据登记的法律
2001 年 6 月 1 日	新加坡土地管理局法（Singapore Land Authority Act）	建立与合并新加坡土地管理局，规定它的功能与权力，以及其他相关的目的

资料来源：同图 3.1。

（二）国有土地的主要处置方式

1. 土地租赁制度

新加坡的前身是英国殖民地。因此在财产法与规划执行方面主要遵循英国的原则和做法。为更好利用国有土地，政府以一套有效的土地征收政策来维持土地的开发与再开发。

除了政府所拥有的土地以外，新加坡土地法最显著的特色是于土地持有期间租赁行为的普遍盛行。第一是工业不动产。许多此类的不动产，无论位置如何，都包含在裕廊工业集团（JTC）的范围内，JTC 是法定机构，依据 JTC 法及 1955 年修正法第 23 号而成立。JTC 出租没有盖工厂的土地给承租人。标准的出租期限是 30 年，有时涉及租赁更新的选择时，会加长 30 年。

第二，建筑公共住宅是国有土地租赁的另一块主要需求。房屋开发理事会（HDB）是公共住宅的主管机关，授权依据是 1997 年修正版本的房屋开发理事会法。截至 2012 年底，新加坡全国的常住居民，包括永久居民在内，82% 以上的家庭都住在这种被称为"政府组屋"的公共住房中。

在国有土地租赁出去后，政府可在固定租赁期结束后回收土地，并依据新的社会及经济需求用于新的发展用途。新加坡的国有土地针对不同用途，会设置不同的租赁期。最长的是住宅和商业，一般都是 99 年。工业的租赁期可以达到 60 年、教育产业和社会福利业的租赁期是 30 年。农业最短，一般只有 10 年到 20 年之间。

2. 土地拍卖与租赁

在新加坡，私人企业参与开发的过程是通过拍卖的方法来获取一定期限的土地使用权。租赁期的变化从 15 年至 999 年不等。1826 年，出现过 999 年的租赁。也有为期 15 年的租赁，在政府同意下占有者有权将租赁更新至 999 年。1838 年，还引入了为期 99 年的租赁。

国有土地所有权、租赁权与土地拍卖的制度具有重要意义。第一，国有土地所有权避免财产与开发公司大量囤积土地以及垄断土地增值收益。第二，土地拍卖制度使开发公司互相竞标土地，保证土地资产价值不流失。第三，事先决定租赁期限与约束契约，具有减少资产价值投机买卖的可能性。

在租赁制下，土地资产市场在新加坡是不存在的。但新加坡股市交易有不动产投资信托 REIT（Real Estate Investment Trust），是以建筑物为基础，并以这些建筑物的租金收入来作为投资标的。由于租金是 REITS 收入的主要来源，因此必须确保投资组合是由良好质量的建筑物，也就是有能力产生高租金收益的投资标的所组成。

3. 国有土地的出售方式

在新加坡，国有土地的出售主要有三类方式：公开招标和拍卖、直接出售和特殊情况下的出售。

第一，公开投标和拍卖。这是国有土地出售给私人企业的主要方式。如果同一地段获得 2 个或 3 个以上申请书，国有土地的出售必须在公开招标后以拍卖形式进行，除非政府领导另行决定以其他方式进行。在国有土地出售计划下，由国家发展部来协调住宅及商业土地出售，贸易与工业部来协调工业土地出售。这些主管部门要根据市场需求和国家增长策略，来决定出售的土地面积及地段。另外，土地标价不能低于首席估价官所划定的土地储蓄价格，首席估价官具有独立的估价自主权。

第二，直接出售。只要是符合国家发展要求，国有土地可直接出售给法定机构。如裕廊工业集团的工业用地及房屋开发理事会公共住屋的用地。出售国有土地给法定机构，需要确保土地发展用途符合法定机构规定的职能。另外，售价也要符合首席估价官所定的价格。

第三，特殊情况下的出售。比如，出售土地给自愿福利团体，此类土地的出售必须获得政府高层领导批准。另外，如果某一块国有土地没有单独发展潜能，可转卖给邻近土地所有者，但需要事先论证"合并土地可确保资源更好利用"。适当的时候，邻近的土地所有者想购买这一块土地，可参与闭门招标。

（三）国有土地经营的特点

1. 管理和运营主体分开

新加坡政府在长期的发展过程中形成了一套完整的土地管理体系和约束程序，来保障国有土地合法、合理的出让。其中，管理和运营主体分开，是土地管理体系的典型特征。

作为新加坡唯一具有执行"土地征收法"的政府机关，土地管理局的主要职能是保证土地征收的合法性以及确保公共发展项目不会妨碍私有土地的利用。同时，还担负着保证国有土地的出让会得到最佳利润的职能。除此之外，土地管理局还负责管理和监督土地买卖和贯彻实行有关地价，使用年限以及土地所有权文件有关的土地政策。另外，土地管理局也和其他政府部门以及合作者对私有土地进行调整利用并与国有土地协调运营发展。

新加坡负责国有土地运营业务的相关机构包括，新加坡市区重建局（URA），房屋开发理事会（HDB），裕廊工业集团（JTC）等。这些运营机构，在土地管理局的指导和监督下，保证土地出让通过公开、透明的招（投）标程序来完成。

2. 租期安排比较灵活

实际上新加坡国有土地之出售，不论采用公开投标和拍卖、闭门招标或直接出售等方式，均为以定期租赁的方式出租使用权，租赁期限依使用用途由 10 年至 99 年不等，政府可在固定租赁期后回收土地并依据新的社会及经济需求进行新的发展用途，同时仍可保有土地所有权。

3. 较完善的土地溢价分享机制

新加坡政府收取的土地溢价，主要基于土地用途的改变和密度增加形成的。根据新加坡 1964 年规划法令修正案，在规划允许的情况下，开发活动可以超过规定的开发强度或变更规定的区划用途，但必须支付开发费①，使得土地增值的一部分收归国有，从而使得开发控制具有较强的适应性与针对性。对于拥有国家限制性契约（Restrictive Covenant）的发展商在转换土地用途或使用率时，需支付"土地溢价"，土地溢价的计算方式以开发费为依据，并做出适当调整；对于没有限制性契约的发展商在转换土地用途或使用

———————————

① 开发费是所议定的不同用途或使用率与发展基线之间的差异。发展基线（Development Baseline）指的是发展蓝图或获准发展计划中最高的土地使用率或用途。

率时，则需支付开发费。

开发费通常在每年 3 月和 9 月份，每隔半年根据房地产市场形势进行修改，以反映房地产市场的价格变动。2000 年 12 月以前，新加坡的土地政策规定"土地溢价"按照土地价差的 100% 计算，政府平均每年可以收取大约 1.6 亿新元的土地溢价。2000 年 12 月，新加坡政府出台了新的土地政策，规定拥有限制性契约的发展商在转化土地用途或使用率时，所需支付的"土地溢价"从土地价差的 100% 削减至 50%，使发展商部分获得了改变用途或提高使用率所得到的增值，增加了发展商的盈利，同时也加快了政府的土地交易，提高了土地使用率。

三、总结及启示

一个国家的基本国情、发展阶段、政治制度、社会经济环境等都会对国有土地经营方式产生影响。具体到前面提到的美国和新加坡两个国家，在基本国情方面，美国地广人稀，人均土地面积丰富，新加坡人多地少，人均土地占有水平很低；相比美国政府，新加坡政府在经济社会发展中起的作用更明显，发展型、权威型政府的色彩浓厚；美国在经历了产业升级阶段后，政府一般不主动参与兴建各类园区，新加坡政府则热衷于搞各类高科技园区和金融产业区。上述方面的差异，导致了新加坡与美国在国有土地经营目标、经营方式和经营特点等方面，具有鲜明的国家特征。具体来说，在经营国有土地的方式上，新加坡政府就采取了跟美国政府不同的做法。

一是灵活安排土地租赁周期以适应产业升级和都市更新规划，新加坡不采取美国式的出售国有土地做法，而是对不同类别土地设定不同租赁周期。这一方面是尽可能占有期间的国有土地增值收益，另一方面是应对快速升级的产业结构对土地腾退转换的需求。

二是利用国有土地解决了绝大多数居民的住房保障问题。新加坡有超过80%的居民都居住在政府组建的"组屋"（保障性住房的称谓）里，这些组屋的兴建全部都利用国有土地。国有土地价格与私有土地价格的差异，是组屋价格远低于市场化住房价格的重要原因。同时，新加坡政府规定"组屋"只能在内部循环，不能向市场出售，只能由政府回购，这就保证了随着房价上涨的国有土地增值收益归国有。

三是新加坡国有土地占有的比重更高、涵盖范围更广。美国的国有土地面积占比尽管也很高，但存在形态以自然保护区、军事基地等社会公共设施为主，直接营利性的占比很小，体现了国有土地公益性、非营利性的特征。新加坡的国有土地面积占比不仅要高于美国，更重要的是，主要用于产业园区、住房保障等具有相当经营性特征的领域，除了满足公益性需求，新加坡国有土地经营一直遵循"土地利用效率最大化、经营利益最大化和增值收益归国有"的准则，涵盖了几乎所有产业和生活领域。

美国和新加坡的国有土地经营体系存在较大差异，但在土地规划利用体系、土地管理和经营体系和土地增值收益体系等方面，都有一些做法值得中国借鉴。

第一，国有土地利用规划的精细化和科学性。美国和新加坡的国有土地规划利用体系都非常完善，美国从19世纪中叶开始就有了规划利用法令，经过100多年的不断完善，已经形成由数十部法规组成的庞大规划利用法律体系。美国的分区管制思路（zoning）已成为目前最重要的土地利用规划思想。但随着产业结构、城市变更和人口流向的变动，原先比较僵化的土地利用分区机制（1885年首先在旧金山市建立利用分区制度），已经不适应经济社会发展对土地利用的需求，于是在1946年建立了"浮动分区"（float zoning）制度。新加坡的国有土地利用规划有一个特点，就是允许有"白色空间"（white space）的存在。新加坡早期的国有土地规划中，只简单地将土地区分为工业、居住、商住、公共服务、基础设施等类型，但后来在陆续兴建工业园区以及升级工业园区为高科技园区和商业中心区时，原先僵化的土地分类规划不适应新需求，于是创造性地提出了"白色空间"概念，在每一块工业园区和商业中心区里，配有一定比例的"白色空间"，这部分土地用途可以由需求者来确定，以灵活适应园区发展的需求。

第二，国有土地收益分配的市场化调整机制。美国和新加坡的国有土地增值收益的分配模式各有差异。美国主要通过控制国有土地出让面积的上限，来分配增值收益。美国不允许土地成片出让，只允许零散出让。由于城市基础设施投入等会导致整个区域地价上涨，如果成片出让，购买者会充分享有地价上涨的好处，零散出让既保证了购买者只能有限享受公共设施溢出的外部性，又使国有土地管理机构可以控制出让节奏，制定更合理的市场出让价格。新加坡主要通过征收"开发费"或"土地溢价税"的形式，对国有土地增值收益进行分配。我国的城市土地属于国有土地，并且没有建立土地增值税（或资本利得税），这使得在国有土地收益分配格局上，注重"一次性地获取"（土地出让收入），但忽视对未来增值收益的有效合理分配，短期看管理部门似乎获取了很大的利润，但长期看不利于国有土地增值收益的合理分配。

第三，按照相邻原则（nearby principle）的国有土地合并经营。美国和新加坡的国有土地管理经营模式中，有一个共同原则，就是认为国有土地的合并经营（merge–in）是提高国有土地利用效率并避免损害相邻地块权益的重要途径。如果国有土地管理机构能够证明当前的购买行为对相邻国有土地的权益造成某种损害，这种损害可以是直接阻碍了相邻地块的一类或某几类经济用途的使用，也可以是间接阻碍了相邻地块获取最高收益的途径。在这个前提下，国有土地管理机构就会遵守相邻原则，要求国有土地购买者一并购买相邻国土，以保证整块区域土地利用效率的提升。我国目前还缺乏这种严格的土地归并和处置办法，在现实中就会出现"出让区域附近的土地利用零散化、利用效率低下"的现象，开发企业只关注出让区域内土地收益，不关心对周边土地权益的维护和增值。

第四章
建设用地的发展权转移研究：
地票制度

　　国外对土地发展权以及发展权转移的理论和实证研究起步较早。土地发展权是一系列权利束（rights cluster），包括土地使用权、租赁权、销售权、馈赠权、抵押权以及依法在土地上建房和开矿的权利，这些权利的一部分或全部都可以转让或出卖给他人。1947 年英国《城乡规划法》第一次建立土地发展权制度；1968 年和 1974 年美国以州立法的形式分别建立土地发展权移转（TDR）和土地发展权征购（PDR）制度；1975 年法国公布《改革土地政策的法律》，以"建筑权"的方式解决土地利用集约度提高而产生的土地发展权问题。

　　近年来，我国各地都探索了土地发展权转移的改革试验，典型的做法包括成都"拆院并院"，浙江嘉兴"两分两换"，天津"宅基地换房"以及重庆"地票交易"等操作模式。本章选取重庆地票交易作为土地发展权转移的研究对象，除了重庆的"地票交易"政策体系和法律法规比较完善，有多年完整的交易数据可以利用外，最重要的是市场机制在地票交易中发挥了重要作用，重庆市的地票交易实际上就是全市农村建设用地转移发展权给城市建设用地，转移半径和空间范围很大，地票价格形成的市场机制比较成熟，而利用市场机制正是"土地发展权转移"理论的核心。在笔者实地调查的基础上，本章拟通过剖析重庆"地票制度"案例，全面系统地分析地票制度的背景、做法和成效，指出需要进一步破解的体制机制障碍和完善健全地票制度的政策建议①。

一、探索地票交易制度的背景和意义

（一）探索创新城乡统一建设用地市场的体制机制

2007年6月，国家批准重庆市为全国统筹城乡综合配套改革试验区。探索欠发达地区在城镇化、工业化过程中打破传统城乡二元体制，逐步建立统筹城乡发展的体制机制，形成可复制的经验，成为重庆市统筹城乡试验区的核心任务。

"大城市、大农村、大山区、大库区"是重庆的基本市情特征，城乡、区域发展差距大，统筹城乡发展面临着"小马拉大车"的现实困难。要在加快发展的过程中探索一条对中西部地区普遍适用的统筹城乡发展道路，既需做足公共财政的文章，建立公共资源、财政投入向"三农"倾斜安排的体制机制；更需重视市场机制在资源要素配置过程中决定性作用的发挥，打破传统二元体制下城乡要素

---

① 本章的写作，得到了重庆市农村土地交易所、重庆市国土与房屋管理局的大力支持，在资料搜集、调研安排、结构框架等方面提供了许多有益的帮助和建议，特此感谢。

相对封闭、流动不畅的状况，促进城乡要素一体化、市场化配置，以市场之手牵动城乡协调发展。因此，重庆市将制度设计重点放在了解决"劳动力、土地、资本"三大要素的合理配置问题上，即围绕"人往哪里去、土地资源如何合理利用、统筹城乡发展所需的钱从哪里来"三大问题设计改革系统工程。其中，土地作为所有资源中最基本、最核心的生产要素，作为事关农民安身立命和农村稳定的重要资源以及城镇化、工业化中调整城乡利益关系的重要纽带，其制度创新设计，势必在统筹城乡要素配置制度体系中居于基础和先导的地位。农民进城后如何处置其农村的土地房屋财产，留在农村的居民如何更好地发挥土地作为生产要素和生活空间的功能，城乡居民如何共同分享土地收益，这些都关系到农村在改革中能否持续发展和保持稳定。

从制度设计的角度思考，重庆市统筹土地要素配置制度改革需要探讨进城农民工土地退出机制、农民及农村集体经济组织的土地财产权益界定与保护、农村土地要素市场的构建及与城市土地市场的衔接、区域土地要素市场利益共享、土地规划计划及利用审批等管理制度变革、土地要素配置制度与其他制度改革联动问题等。但是，从改革的方法路径上考虑，改革涉及的面比较宽泛，牵涉的利益主体多，不可能齐头并进，有必要先找到一个有效的改革切入点进行探索，再逐步深入推进相关改革。地票制度就是重庆市构建城乡一体化土地市场的突破口，也是推进城乡一体化发展的重大制度创新。

（二）盘活和释放集体建设用地的增长潜力

全球的城市化进程有一个普遍的规律，即城市建设用地大量增加与农村建设用地相应减少、农用地增加是相伴生的，且人均占有建设用地的规模是不断缩小的，土地集约化利用水平也是不断提高的。如美国在城市化迅猛发展的 1870～1920 年间，城市化率由初始的 25.7% 提高到 51.2%。与此同时，农耕地面积从 1870 年的 4.07 亿英亩增加到 1914 年的 9.1 亿英亩。

我国正处于工业化和城市化提速发展期，非农产业迅速崛起、农村人口加速向城镇转移、城镇空间急剧扩张对建设用地规模增加提出迫切要求。但在城市化快速发展的过程中，农村土地利用出现了与世界城市化一般趋势截然相反的情况，即城镇化水平快速提升、农村常住人口快速减少与城乡建设用地双增长相伴生。2008 年，全国农村居民点用地接近 2.5 亿亩，户均 1 亩，人均 229 平方米[①]，农村居民点布局呈现"散、乱、空"的局面。特别是大批农民工进城务工却难以落户，仍可合理合法地申请农村宅基地建房，加剧了农村居民点规模增长和农村建设用地闲置废弃及低效利用的状况。1996～2008 年间，全国农村人口非农化转移减少 1.35 亿人，而同期农村建设用地不减反增 23.5 万公顷。2000～2011 年间，农村人口减少 1.33 亿人，农村居民点用地却增加了 3045 万亩，相当

---

① 目前全国的城乡用地的内部比例是：城镇工矿：农村居民点≈3：7，我国人均城乡用地 182 平方米，其中城镇人均工矿用地 130 平方米，农村人均居民点用地 220 平方米（胡存智，2012）。

于每年增加近 300 万亩[①]。

从重庆的情况看，由于重庆是一个农民工大市，相当一部分农民工长期在城市务工、生活，致使重庆农村建设用地闲置、废弃的情况更加普遍。2007 年重庆市离开乡镇外出务工的农民工总数达到了 748.4 万人，其中，403.6 万在重庆市外务工，344.8 万人在重庆市内务工。随着大量农民工进城，重庆市的城镇化率由 1997 年的 31% 提升到 2007 年的 48.3%。尽管有大量人口进城工作和生活，但并未同步建立与快速城镇化相匹配的农村建设用地退出的激励机制，农村建设用地并未随着农民进城而有所减少。2007 年，农村居民点用地仅由 1997 年的 3637 平方公里微减至 3596 平方公里，仅减少 1.1%；农村人均居民点用地（常住人口口径）由 183 平方米增加至 247 平方米，增长 35%。同期城镇人均用地（按照常住人口统计口径）由 71 平方米增至 86 平方米，增长 21.3%，低于农村人均建设用地增长速度。加之重庆地处西部，用地条件比东部地区差，相应的守耕地红线的任务也更为繁重，面临的"保发展、保红线"压力更大。基于重庆市对扭转城乡建设用空间双增长的城镇化模式要求更为紧迫，这就将近中期重庆统筹城乡土地制度改革的切入点引向了如何盘活农村废弃、闲置、低效利用的建设用地上。

（三）建立城市土地增值收益向农村合理转移的长效机制

在现有城乡分治的土地制度框架下，农村集体经济和农民对农村集体土地特别是建设用地的用益物权依然缺乏有效的实现方式，

---

① 上述数据摘自《新型城镇化规划：2014～2020 年》的相关内容。

农村土地财产只是"沉睡的资产"（dead capital）。按照现行制度规定，城市土地可以抵押，农村宅基地不可以抵押；城市土地和房屋可以自由流转实现价值，农村建设用地特别是宅基地及农房不能让城市市场主体直接参与交易，只能在法律允许的农村集体经济组织内部进行交易，价格极低，有的甚至连农房建筑成本都得不到合理的补偿，这既不利于农民增收致富、农村经济发展和农村富余劳动力的转移，也不利于撬动农村金融杠杆和支持新农村和小城镇建设，还阻碍了城镇化进程。客观来讲，随着城镇化的推进，相当一部分农村居民有农村土地资产交易的诉求，希望财产以合理的价格变现。应当承认和重视群众的这些诉求，承认经合法取得的农村集体建设用地作为农民财产权的地位并加强相关制度设计，创造条件促其在更大的空间范围内发现和实现价值。

为此，党的十八届三中全会提出，"建立城乡统一的建设用地市场"，明确了以市场化机制发现农村建设用地价值的改革方向。但农村建设用地究竟如何入市，路径还需要探索。鉴于农村建设用地面临规划缺失、布局散乱、管理粗放以及法律上对所有权和使用权及其权能界定不够清晰细致等普遍问题，骤然推动农村建设用地入市交易，显然还缺乏法律、规划支撑和实践层面的准备。从重庆市的情况看，由于农民大量外出务工，农村建设用地呈现更突出的点多、面广、量大的特征，如果在现状管理不精细、乡村建设规划与城镇不同步的背景下大规模推进农村建设用地特别是农村宅基地的市场化流转，很可能引发社会风险。

因此，需要从其他的角度思考制度创新的路径，且改革需把握以下原则：一是符合经济社会长远发展趋势，有利于城镇化、工业化和城乡一体化协调互动，促进人口城镇化和土地城镇化更加同步；二是符合土地改革的长远目标，有助于缓解"双保"压力；三是有利于盘活农村闲置、废弃的建设用地，显化其市场价值，让农民实现财产性收入；四是具有现实可操作性，能够与现行的土地管理制度有效衔接、迅速起步；五是改革的社会冲击小，但又能对远期的土地改革产生积极作用。

（四）完善城乡建设用地增减挂钩政策

将农村建设用地减少与城镇建设用地增加相挂钩，是国土资源部推行的重大制度创新。自2006年启动城乡建设用地增减挂钩改革试点以来，相关法规制度逐步出台，国土资源部与各省市联动，探索了一套将农民新村建设、保护耕地和解决小城镇建设用地指标相结合的工作方法，对小城镇建设和县域经济发展发挥了积极作用。增减挂钩制度下，农村闲置、废弃建设用地得到了有效地盘活利用，城镇建设得到了新增建设用地指标，农民也得到了一些好处，它有两个鲜明的优点：一是变城乡建设用地双增长为一增一减，从而保护了耕地；二是复垦区与挂钩指标落地区共同分享收益，实现共建共享。但是，增减挂钩制度也有其明显的不足：一是增减挂钩的实施范围在一个县的范围内，对重庆这样的区域发展差异大的省市而言，近郊区县有城市带动农村发展的能力，远郊区县带动能力则相对有限；二是增减挂钩实施主要由政府组织，对复垦区的补偿由政府定价，市场主观能动性发挥不够；三是增减挂钩实行先建新、后拆旧，需预安排建新周转指标，且周期为三年，在制度安排上实行耕地"先占后补"，从而在时空上存在占补平衡的不确定性。

借鉴城乡建设用地增减挂钩的制度原理，考虑到重庆农村大面积存在闲置、废弃建设用地的现实情况，总结、提炼增减挂钩改革试点经验，重庆开展了更进一步的制度创新。2008 年，重庆市提出了设立农村土地交易所、开展地票改革试验，用市场化方式发现农村土地价格、开辟城市反哺农村新途径的构想。2009 年 1 月，《国务院关于推进重庆市统筹城乡改革和发展的若干意见》 （国发〔2009〕3 号），明确"设立重庆农村土地交易所，开展土地实物交易和指标交易试验，逐步建立城乡统一的建设用地市场，通过统一有形的土地市场、以公开规范的方式转让土地使用权，率先探索完善配套政策法规"。自此，重庆农村土地交易所和地票改革试验拉开了帷幕。

按照重庆市的构想，重庆农村土地交易所的交易品种分为两大类：一是实物交易，包括耕地、林地等农用地使用权或承包经营权交易，农村集体经营性建设用地使用权交易，荒山、荒沟、荒丘、荒滩等农村未利用地使用权或承包经营权交易，农村土地使用权或承包经营权折资入股后的股权或收益分配权交易。除重庆农村土地交易所外，重庆市部分区县也成立了相应的交易平台，为农村土地实物交易服务。二是指标交易，即地票交易。重庆农村土地交易所是全市唯一的地票交易场所。通过设立农村土地交易所，探索农村土地要素的市场化、规范化交易机制，逐步促进城乡统一的土地要素市场体系的建设。同时，通过逐步活跃的市场交易，带动农村资产评估、投资咨询等市场中介发育，使农村土地资产估值状况逐步得到改善，为金融下乡创造更好的条件。

　　地票交易是重庆农村土地交易所的特色交易品种，是重庆市本轮土地改革最大的制度创新点，也是重庆农村土地制度全面改革的重要切入点。地票制度依据土地级差收益理论、借鉴城乡建设用地增减挂钩制度而创设，增减挂钩的优点地票亦具备，同时它克服了增减挂钩的不足之处：一是地票将统筹的范围延伸到重庆市范围内，有助于实现真正意义上的大城市带动大农村发展；二是地票实行市场化定价，价值发现更充分，更利于调动交易各方的主观能动性，可更好地避免政府操控所引致的诟病；三是地票实行先复垦后交易，能真正实现先补后占、占补平衡有余，对耕地保护作用更加有效。

二、地票制度的改革试验情况

（一）地票的基本概念

1. 地票的定义及运行环节

　　地票，是在农村土地利用规划指导下，由农村建设用地使用权人自愿提出申请，经所有权人——农村集体经济组织同意，将依法取得的农村建设用地复垦为合格耕地，并扣除农村自用的发展空间后，节余指标提请重庆农村土地交易所进行公开交易，从而形成的可在重庆市城乡规划建设范围内使用的建设用地指标。地票运行大致分为三个环节。

　　一是复垦环节。按照规划，处于城乡规划建设区外的农村集体建设用地可用于复垦。当土地使用权人（包括农民、农村集体经济组织或其他农村建设投资主体，以土地使用权证为依据）决定放弃其合法取得的某一块农村集体建设用地（含废弃、闲置的农村宅基地、乡镇企业用地、农村公益设施用地、农村基础设施用地等）时，可以提出复垦申请，经农村集体经济组织（所有权人）同意后，可依农村建设用地复垦规程进行复垦。其中，申请宅基地复垦时，农户须有其他合法稳定居所。复垦后，原建设用地用途改变，还原为以耕地为主体形态的农用地。国土部门、农业部门、水利部门等共同参与，按土地技术规范组织验收，从耕地质量和数量两个方面予以把关后，确认农村减少的建设用地指标、新增农用地指标和新增耕地指标。腾退出来的建设用地指标优先用于保障农村自己的发展建设空间，如用于农民新村建设或为未来的产业发展预留空间等。如在保障农村自用之后还有剩余，即成为地票的来源。

二是交易环节。经复垦验收并扣除农村自身使用的指标之后，多余的建设用地指标可以申请在农村土地交易所公开交易。按照《重庆农村土地交易所管理暂行办法》（渝府发〔2008〕127号）规定，交易的申让方为农村建设用地使用权人（农民、农村集体经济组织或其他合法主体）或农村建设用地所有权人，或者其委托的代理机构；而交易的受让方则全面放开，农村集体经济组织、城乡法人、具有独立民事能力的自然人以及其他组织，均可在农村土地交易所参与地票竞买。交易按公开、公平、公正、依法、有偿、自愿的原则进行。公开交易可视为以经济手段、市场方式完成城乡建设用地增减挂钩的转换过程，一旦完成交易，重庆市国土房管局向购得地票的市场主体出具地票证书，就意味着持有人拥有了在城乡规划建设区范围内投放一定数量建设用地指标的权利。

三是使用环节。地票持有人在城乡建设规划和土地利用总体规划确定的建设区范围内选择待开发土地，向地方政府提出用地申请，由地方政府凭地票办理规划区内土地征收转用手续并完成补偿安置后，再根据土地使用类别按规定组织供地。其中，属经营性用地和工业用地的，需按规定进行招拍挂。地票落地使用后，即予以注销，完成全部运行过程。从地票的使用环节可见，地票所发挥的功能仅仅是建设用地计划指标的功能，它并不直接与现实经济生活中具体的某一地块直接挂钩。持票人要使用土地，仍然需要办理土地征收、转用、出让等相关手续。

2. 地票的主要特点

第一，地票是一种标准化产品。地票作为建设用地指标，它可以在重庆市域内城乡规划所确定的允许建设范围内使用，没有限定落地区域。因此，地票的价值与其产生区域没有关系，它是一种无地域差别的产品，在重庆市范围内农村任何区域所产生的地票，其价值和功能作用都完全一样。相对而言，由于远郊农村的建设用地区位、基础设施配套条件更差，其级差收益相对低，而其复垦为地票则与近郊无差别。因此，地票制度对于远郊农村集约利用建设用地、尽量腾出建设用地用于地票生产和交易更有积极的政策引导作用。

第二，地票是有价凭证。地票本身是有价值的物品，可从两个方面分析其价值构成。从供给角度分析地票的价值构成：一是让渡发展权的用途转换需得到补偿。地票的产生源于农村集体建设用地使用权人让渡了其建设用地使用权，在建设用地到农用地（耕地）的土地用途转换中，使用权人应当得到放弃建设用地权利的价值补偿，因为保有建设用地，不仅是财产权的体现，往往也蕴含着潜在的发展权。二是建设用地上的附着物需得到补偿。附着物往往是农村房屋，或者是农业生产场地，是农村的资产，随着土地复垦，其功能灭失，必须有相应的补偿机制与之对等。三是复垦本身有成本投入。拆除构附着物及还原为耕地的过程中需要投入大量人力物力，这些人力物力需要得到价值补偿。

从需求角度分析地票的价值来源：一是地票意味着土地开发建设权。具有与国家下达的无偿计划指标同样的功能，没有指标无法启动项目，而每年国家下达的计划指标是有限的，即计划指标具有稀缺性，地票指标与之相补充，采取有偿方式运行，要求付出一定的成本方能取得，从现实情况看有条件建立一个市场。二是持有地票天然内含了"两费"收入。由于地票对应了相应的建设用地指标和新增耕地指标，持有地票意味中已经补充了相应数量的耕地和持有了可在城镇规划建设区域落地的建设用地指标，因此重庆市政策规定，使用地票办理土地征转用手续的，可免交耕地开垦费和新增建设用地有偿使用费。目前，重庆市耕地开垦费征收标准为 10 ~ 30元/平方米，新增建设用地有偿使用费征收标准为 10 ~ 80 元/平方米不等。地票的价值至少应内含上述"两费"的价值，即有 1.3 万元/亩至 7.3 万元/亩的最低价值。三是地票的成本可以进入土地购置成本。重庆市政府规定，新增经营性用地，不再供给计划指标，而必须使用地票进行征转用。因此，地票价值最终来源于城镇规划区内建设用地开发所产生的增值收益，只是在地票交易环节对农民和农村集体经济组织做了提前的给付。

第三，地票是一种土地管理制度的工具。按照我国现行土地管理制度，用途管制和耕地补偿制度是其中的重要制度，而地票具有这两种制度功能。一方面，地票作为指标是土地用途管制的重要工具，取得了地票，相应取得了在城乡规划建设区将农地转为建设用地的权利。另一方面，地票是占补平衡的重要工具。我国土地管理制度要求实行占补平衡、占一补一，而地票先复垦、后使用，是对占补平衡制度的有力支撑和保障。因此，地票具有新增建设用地指标、新增耕地指标、占补平衡指标等多重功能和作用。

（二）地票的制度设计要点

从 2008 年以来，经过五年多的试验探索，重庆地票制度体系在运行中逐步建立和完善，较好地树立了"农民作为主体、市场化运作、产权明晰"等理念，初步形成了涵盖"自愿复垦、公开交易、收益归农、价款直拨、依规使用"内容的地票制度体系。

1. 自愿复垦

地票复垦是顺应农民主动参与城镇化需求而产生的制度设计，不能靠行政强制来完成。因此，自愿原则始终是地票产生阶段中的核心原则，充分尊重农民和农村集体经济组织的意愿是地票的生命根基所在。在实践操作中，重庆市逐步形成了由农户和集体经济组织自愿提出复垦申请、自愿委托指标交易、自愿选择复垦方式的制度体系。地票制度的自愿原则主要体现在以下几方面。

一是选择复垦与否，由农民说了算。在地票复垦产生的过程中，政府不搞运动、不搞强制，杜绝违背农民意愿大拆大建，而完全以政策宣传、政策解释让农民认识到利益所在，自动响应政策、参与复垦。二是怎样复垦，由农民选择。复垦工程按规范设计施工，充分吸纳农民投工投劳，保证工程质量。农民可以自行或者联户申报立项，不愿意自行申报的可以委托土地整治机构申报立项。三是对是否参与复垦施工，由农民自行决定。复垦中优先让农民参与施工，获取务工收入。四是对是否接受现行地票价款及分配方式，由农民明确表态。这样做的结果是，农民会认为复垦是自己的事，参与复垦的积极性提高了，复垦工程质量有了保障，农民权益也得到了保障。

2. 公开交易

地票交易坚持市场化的改革方向，实行市场化定价，由农村土地交易所统一组织，以复垦项目为基本单位，综合一个或几个项目确定交易单元，公开发布交易信息，公正组织交易活动，公平对待市场主体，充分发现农村土地价值。所有关于地票信息、直拨公示、直拨公告等相关信息，都可以在重庆市国土资源和房屋管理局官方网站查询。同时在每个有地票交易项目的村镇，都张贴公示。地票交易的公开性主要从交易主体、交易场所、交易方式的规定上予以保障：一是始终坚持做到放开交易主体资格限制，农村集体经济组织、城乡法人、具有独立民事能力的自然人及其他组织，均可参与地票竞买。二是坚持地票交易在重庆农村土地交易所统一公开举行，全市统一市场。三是地票交易方式为公开招标、拍卖、挂牌出让，确保交易活动的组织公开透明。

在充分发挥地票价格形成的市场功能时，考虑到地票价格太低则损害农民的利益，价格太高则可能影响城镇土地市场、房地产市场，地票价格波动过大不利于市场的持续稳定发展。因此，围绕地票价格总体平稳、温和波动的调控目标，在地票交易中采取了提前预测衔接供需、调节交易节奏等方式，逐步建立了地票交易市场调控机制。地票成交单价由首场的 8 万元/亩逐步提升，截至 2013 年底，基本稳定在 20 万元/亩左右，总体上实现了价格的平稳运行。

3. 收益归农

地票由农村让渡的建设用地使用权转化而来，权利让渡产生收益理应归"三农"所有。因此，重庆将地票交易产生的净收益全部分配给土地使用权人和所有权人。复垦宅基地产生的收益，农户作为土地使用权人享有 85%、集体经济组织作为所有权人占 15%。之所以做这样的规定，主要是考虑到宅基地及农房是农民的重要财产，加之农民长期弱势，使用权理应分割较多的比例，这也有利于农民增收。同时，参考征地补偿政策，综合农房造价、指标内含的"两费"（新增建设用地有偿使用费和耕地开垦费）价值、复垦成本等因素，设定了地票交易最低保护价，确保"三农"利益不受损害。2013 年，这一价格平均已达到 17.8 万元/亩，农户最低可获 12 万元/亩的收益。这一政策规定较好地尊重了农房是农民在农村主要财产的现实情况，同时考虑了集体经济组织作为土地所有权人的权益实现，量化了农村集体土地所有权和使用权收益分配比例。

4. 价款直拨

为保障农民和集体及时、足额获取地票收益，2012 年重庆市正式推行地票价款直拨制度。在价款拨付方式上，逐步确立了由重庆农村土地交易所依托银行直接将农户和集体应得价款拨付到其账户上的方式。在价款拨付之前，要在复垦区进行拨款信息现场公示和在国土部门门户网站上进行网络公示，确保无异议、无争议方可拨付，确保拨付价款不缺、不漏、准确无误，避免地票收益被挤占、侵害、截留、挪用等风险。

5. 依规使用

地票设计与土地规划、农用地征转用及建设用地招拍挂出让制度衔接较好。始终坚持规划龙头控制，依规划实施复垦和使用地票，地票生产、使用各环节必须符合土地利用规划、城乡建设规划要求，城市规划区内的农村建设用地不纳入复垦，不在规划建设范围外使用地票。用地票办理用地审批时严格按照农用地转用和土地征收制度的有关规定执行，地票落地后仍按现行土地出让制度供地。地票制度力图通过地票进行土地管理制度改革局部试点，为下一步完善土地管理制度改革提供思路和办法，而不是对现行制度的摒弃或对立。正是因为避免了在其他环节上土地管理制度的重大调整，地票改革才得以顺畅运行。

（三）地票改革实践的主要做法

地票制度是对土地利用和管理体制的探索创新。2008 年以来，为更好推动地票制度改革，重庆市采取了一系列做法。

第一，开展农地确权发证工作，为地票制度运行打下基础。明晰土地权属，是实现农民土地财产权益的前提。2010 年，重庆市在全国率先启动了新一轮农村土地房屋登记发证工作，到 2011 年底基本完成，已做到集体土地所有权证、集体土地使用权证（含宅基地使用权、农村建设用地使用权）及农房所有权证应发尽发，为开展通过复垦农村建设用地产生地票，创造了基本条件。

第二，扎实推进农村建设用地复垦，提供有保障的地票来源。农村建设用地复垦是地票交易的基础，为加强农村建设用地复垦整治工作，重庆市组建了专门的农村土地整治机构，充实工作人员千余人，形成了市、区县、乡镇三级分工明确、严格监管的复垦工作格局。自 2007 年启动首批农村建设用地复垦项目以来，农村建设用地复垦工作体系迅速建立，到 2013 年 6 月，农村建设用地复垦工作已覆盖全市所有涉农区县，复垦项目入库规模超过 20 万亩，为地票交易提供了指标来源。复垦区域逐渐由一小时经济圈区域向渝东南、渝东北等经济欠发达地区扩展，复垦类型也由农村闲置、废弃的建设用地扩大到农村居民集中居住后节约的宅基地。

第三，建立制度体系，指导改革试验有序推进。改革启动初期，重庆市就按照先立后破的原则，出台了《重庆农村土地交易所管理暂行办法》（渝府发〔2008〕127 号），对地票的复垦、验收、交易、使用等进行了原则性、程序性规定，明确了地票改革试验市场化运作且收益全部归农的总体思路，使得地票改革一启动即有章可循、规范推进。其后，着眼地票运行各环节组织体制建设、工作规范、实施管理、监督考核等，进一步细化工作措施，先后出台了《重庆市农村建设复垦项目管理办法》等 58 个政策性文件和 12 个技术性文件，在保障复垦地块真实、复垦面积准确、权属清晰、耕地质量可靠、公开市场交易、地票价款公平分配和及时到位等方面形成了相对完善的制度体系。

第四，规范组织交易，保障地票市场稳健运行。科学制定交易计划，合理编排交易会方案，灵活把握交易节奏，2008～2013 年间，公开举办 29 场交易会，年均交易地票 3 万亩左右，与重庆每年新增经营性建设用地规模相匹配，满足了有条件的区域城镇化、工业化快速发展的合理用地需求。市场平稳运行，价格调控在"城镇发展可承受、农民权益有保障"的合理区间。

第五，与相关工作联动，促进了统筹城乡综合配套改革。地票是重庆城乡统筹综合配套改革中的重要环节，其运行与新农村建设、户籍制度改革、"三权"质押融资改革等密切联系，互为支撑。重庆市推进地票改革与其他相关工作联动：①将地票与户籍制度改革和土地处置工作联动推进。重庆 2010 年启动了农民工户籍制度改革，提出了"转户自愿、退地自愿"原则和"保留、流转、退出"三种土地处置方式。其中，地票成为转户居民农村宅基地变现的有效路径，将宅基地退出工作与建设用地复垦一体化管理，促使转户居民退出宅基地能尽快变现。②将地票与"三权"质押融资改革联动。及时公布地票交易价格信息，作为农村居民房屋抵押贷款的估值参考，农房的融资能力由原来的几千元/户提升到 10 余万元/户。同时，通过建设用地复垦后的地票预期收益权融资，也解决了地票复垦项目的资金问题。③与增减挂钩制度协调推进。为使增减挂钩和地票两项制度互相补充，共同发挥作用，重庆市对其各自适用范围做了界定：增减挂钩复垦主要在农村非宅基地范围内实施，节余指标主要用于乡镇建设；与农民利益直接相关的农村建设用地复垦后，指标应用作地票交易，主城及区县城所在地的经营性用地必须用地票。要求增减挂钩对农民的补偿参照地票价格。④将地票改革与新农村建设联动，通过农民相对集中居住节余建设用地指标或复垦农村废弃学校用地等方式，以地票交易筹措资金，促进了农村基础设施建设、公益事业发展和农民住房条件改善。

（四）地票改革试验效果

1. 城镇化快速发展中耕地得到有效保护和补充

通过地票制度建立起来的经济杠杆，扭转了城乡建设用地双增长的趋势，使农村建设空间随农村人口向城镇转移而逐步缩减，守土务农者的居住状态逐步由散居转向相对集中居住，有助于农村建设用地向布局相对集中化、利用相对集约化转变，重庆农村的生活空间、生产空间、生态空间将得到优化。在这一过程中，耕地则同步增加，农业生产条件也逐步得到改善。

一方面，地票对于耕地质量和数量产生直接的正向影响。如前所述，地票实行先复垦后使用，新增了占复垦面积90%左右的耕地面积，实现了"先补后占、占补平衡、数质对等"。地票以复垦相对平整的农村建设用地替代开发荒山荒坡补充耕地的方式，更好地保护了生态环境。重庆市提出了严格的复垦验收标准，要求土壤厚度不低于40厘米，耕地台面坡度不大于15度，土壤中的瓦砾含量不超过15%等；业主自验、区县全面综合验收、市级验收抽查三级把关，土地部门与农业部门共同参与验收，各司其职，保障了复垦形成的耕地质量可靠。截至2013年7月末，重庆市已交易地票11.5万亩（对应新增耕地10.3万亩），使用地票7.14万亩（对应新增耕地6.4万亩），地票落地时实际占用耕地4.43万亩。这样，地票不仅在时间上动态"先补后占"，补充耕地始终在先，占用耕地相对滞后；而且在耕地补充与占用的绝对量空间匹配上"多补少占"，是有利于耕地总面积增加的，实现了占补平衡有余。

另一方面，地票改革通过提升市场主体参与耕地保护的积极性而间接影响耕地。地票交易对市场主体的耕地保护积极性的影响体现在三个方面：质量、数量及综合利用，即：地票引导农村建设空间缩减，耕地增加，直接带来农户农业生产空间拓展，增加其可用生产资料；在农业用地更加集中连片的背景下，包括农户在内的市场主体更倾向于参与政府引导的大规模农地综合整治，这对提升耕地质量大有裨益；农地利用条件改善，使得农业生产状态更有条件由千家万户的小农生产转向集约化、规模化经营并大幅提升农业的盈利能力，将推动农村土地流转，催生农业经营大户和农民专业合作社，对农地的劳动、资本、技术、管理等综合投入趋于增加，从而提升耕地的综合利用率。

基于地票交易对于农户等市场主体提升保护耕地的积极性，通过积极引导、合理组织，就可将上述积极性转化为耕地保护的实际作为。以重庆市涪陵区马武镇白果村为例，该村农民大量外出务工，前几年耕地撂荒现象普遍。2010～2012年间，该村通过建设用地复垦增加了173.94亩耕地，且复垦之后形成的耕地与周边耕地相对集中连片，耕作条件有所改善。该村团支书杨某进行市场调查后，2011年起陆续流转了相对连片的145亩耕地用于烤烟种植，2012年即实现亩产干烟叶280斤，总产值达43万余元，支付务工农民劳务收入28万元后，实现利润10万余元。

2. 显著增加了农民的财产性收入

农民在参与建设用地复垦和地票交易的过程，其土地财产权利得到显化，价值显著提升。首先，农民直接得到地票价款收入，按照 85：15 分配原则，当前农民最低可获得每亩 12 万元，比在传统模式下宅基地使用权流转获得的收益高出数倍。以 2011 年以来农户实得地票价款为例，2011～2013 年间地票交易价格稳定在 21 万元/亩左右，扣除复垦成本及集体收益，农民可获收益约为 14 万元/亩～15 万元/亩。其次，复垦新增的耕地所有权和使用权不变，仍由原农民耕种，相当于扩大了其承包地面积，直接增加了其土地经营性收入，按每亩流转价 800～1000 斤黄谷，市场价 1 元/斤～1.2 元/斤计算，每年可获收益 800 元/亩～1200 元/亩。此外，农户可优先参与复垦施工，一般每亩可获 2000 元～3000 元收入。同时，原房拆除建材残值变现收益也归农户所有，户均数百元至千元不等。这样算下来，农户可获综合收益更高。重庆市彭水县靛水乡新田村农户李某就是地票的直接受益者。2010 年 3 月，他申请将其继承的父辈老宅实施复垦，2011 年完成并申请地票交易。其宅基地与附属设施面积共 1.06 亩，按当时 20.6 万元/亩的交易价格结算，李某获得地票收益 15.23 万元，加上旧房拆除时的残值变现 0.5 万元，参与复垦工程施工获得的劳务收入 0.3 万元，该户总共获得现金收入 16.03 万元。

3. 开辟了城市反哺农村的市场化制度通道

统筹城乡发展，除公共财政向农村倾斜外，更为重要的是要建立市场化的城市支持农村发展的良性机制，地票制度在这方面也做了探索。在地票制度推出之前，重庆市远郊乡村的农房交易价格极低，特别是那些区位条件差的破旧农房，甚至毫无价值可言。有的农户常年在外务工，老家房屋年久失修垮塌，只能眼睁睁地看着自己的财产灭失。地票的创设，彻底扭转了这种状况。且越是贫困的农户，越是房屋破旧的农户，越有积极性参加复垦，因为他们在地票改革中所能得到的相对收益更大。

从这个角度看，地票推动了远距离、大范围的城乡统筹，使边远山区农村建设用地以指标方式分享到城市周边土地的级差收益，建立了真正意义上的城市反哺农村、发达地区支持落后地区的市场化机制。重庆68.5%的地票来源于相对落后的渝东北、渝东南地区（"两翼"地区），而地票使用主要在重庆市经济相对发达的一小时经济圈，相当于近年来重庆欠发达的"两翼"以地票方式分享到了一小时经济圈城镇化、工业化开发建设的上百亿收益。

4. 支撑了户籍制度改革

在农村房屋实物交易价值低的情况下，转户居民可选择退出宅基地形成地票交易，以变通的方式变现农村房产，带着财产进城。这样既减少了农村建设用地，又增加了转户居民进城落户的资本，从而破解了户改中政府资金压力巨大的问题。在地票制度的支持下，到2013年7月，重庆市已有8.5万户转户居民申请退出宅基地，以地票方式变现资产。同时，实践中发现，相当一部分转户居民退出的房屋质量较好，完全可以二次利用，与农村危旧房改造、高山生态移民等有机结合，以较差的房屋与之置换后用于改善农村困难群体的居住条件，再将质量较差的房屋用于复垦，从而更好地发挥了地票制度的政策撬动效应，促进社会财富的充分有效利用。

5. 发现价格助推金融下乡

在农房实物交易机制没有变化的背景下，地票价格对农房价值产生映射，使农房抵押贷款有个价值评估参照，将农房估值由原来的户均几千元、1万~2万元提升到10余万元，大大提升了农村土地房屋资产的融资能力。同时，地票可预期的未来现金流使金融进入农村土地复垦整治领域的积极性大大提升。截至2013年7月，重庆市各区县已通过地票预期收益权向银行融资83亿元，加快了农村建设用地复垦整治的步伐。

三、地票改革试验对国家整体改革的意义

地票是城镇化提速发展期应"保耕地、保发展"双重压力而产生的制度工具。实践证明，它为缓解人口流动引致的农村建设用地闲置和城市建设用地刚性增加的矛盾提供了一种解决路径，有利于推动城镇化中城乡建设空间有序转换，对未来城乡建设用地统一市场的建设也有促进作用。如果将地票制度在国家层面予以推广，发掘农村建设用地的市场价值，这对搞活农村金融、大幅提高农民财产性收入都有重大影响。

借鉴重庆市在2008年开始实行的"地票"制度，即用地票价格来间接反映复垦后形成交易指标的农村集体用地价格。假设2020年前的地票价格等于2012~2014年间的地票交易均价（19.4万元/

亩），由于重庆的经济发展水平在全国处在中等偏上，因此将重庆
地票价格作为全国农村居民点用地价格的替代变量，具有代表性。
假设在 2013～2020 年间可以节约出来的 2335 万亩农村居民点用
地，以每亩 19.4 万元的竞争起始价格（最低交易价）来计算，总
共至少可以释放 4.53 万亿的土地资产。

表 4.1	重庆市地票交易价格：2012～2014 年		单位：万元/亩
公告编号	竞买起始价格	公告编号	竞买起始价格
〔2012〕1 号	17.8	〔2013〕3 号	19.6
〔2012〕2 号	19.5	〔2013〕4 号	19.6
〔2012〕3 号	19.6	〔2013〕5 号	19.6
〔2013〕1 号	19.6	〔2014〕1 号	19.6
〔2013〕2 号	19.6		

资料来源：重庆市土地交易所，http://www.cqgtfw.gov.cn/ztgz/dpjyzt/。

（一）地票改革的主要经验

1. 基于农民工市民化和人地协同推动土地制度创新

2013 年，全国户籍城镇化率仅有 35%，比 53% 的常住人口城
镇化率低 18 个百分点。2010 年，重庆市启动农民工户籍制度改革，
截至 2013 年 6 月已有 370 多万符合条件的农民工转户进城，将户
籍城镇化率提高了 12 个百分点。一个重要政策就在于坚持不以退
地为前提，允许转户居民在享受城市居民同等待遇的同时，可保
留、流转或退出农村土地，其中宅基地及其附属设施用地通过地票
方式实现有偿退出。

地票制度运行之所以能够对户籍制度改革提供支撑，并促进人
地关系协调，其原因在于：一是地票制度可促进农民自主化进城。

地票制度以农户自愿复垦为前提,打通转户居民农村土地房屋的处置通道,解决了农民对土地"弃之不愿、用之无心"的后顾之忧,从而增强农民工家庭转户进城的意愿和信心,促进农民主动、自愿进城。二是地票创新了土地城镇化方式。地票制度以实施用途管制为核心,以落实规划为基础,在城乡建设用地总量不增加的前提下,适应了城镇化过程中"地随人走"、"带地进城"的主体方向,带动了城乡用地空间转换,扭转了征地为"土地城镇化"唯一途径的格局。三是地票为农村居民适度集中居住、农房改造、新农村建设提供了资金来源,促进了"小集中、大分散"的农村居住格局构建,逐步形成小城镇、农民相对集中居住点的人口梯级分布体系,以及与之相协调的土地城镇化格局。

2. 以地票工具促进规划有序实施

首先,从宏观来看,地票产生于农村闲置、废弃或多余的建设用地,落地在城镇规划区范围内,与土地利用规划实行城乡建设用地总量管理的理念十分吻合,是保障重庆市范围内建设用地规划实施的有效手段。例如,按照重庆市土地利用总体规划,2013～2020年间,城镇建设用地总量需要增加700余平方公里,但城乡建设用地总量指标只有300余平方公里,这400平方公里指标的差距,就需要减少农村建设用地来弥补。如果没有经济激励措施,要实现农村建设用地义务复垦、大面积减少是非常困难的。因此,地票客观上为落实规划提供了十分有效的途径。

其次,从城镇规划实施来看,地票运行在供地环节引入了市场主体自行选地的方式,实施城市规划中更加尊重市场主体的意愿,减少了征而未用、批而未供等现象，相较于完全按政府意愿供地和组织规划实施，提高了规划实施效率。同时，由于地票是有偿使用的指标，相较于原来无偿使用计划指标的方式，市场主体更加珍惜使用。从重庆实践来看，截至 2013 年 7 月，已经使用地票落地的 7 万余亩地块，其供地和开发建设均在有序进行。

3. 以严格技术标准和推行阳光操作实现耕地保护目标

地票制度与增减挂钩制度比较，其中有两点不免让人担忧：一是复垦与落地远距离对应，是否会导致占优补劣、耕地质量无法保障；二是不实行项目管理，没有封闭运行，是否会导致复垦耕地不真实。重庆的改革试验表明，这种担心并不会发生。

首先，不同区位耕地的优劣问题，这是当前"占补平衡"制度运行中的一个共性问题，并非地票制度带来的个性问题。相比之下，地票通过复垦相对平整的建设用地补充耕地，实行"先复垦再占用"，相较于整理农用地形成耕地指标、"先占用再复垦"的方式，在补充耕地的数量和质量上都更加有保障。同时，远距离对应，使得偏远山区的农村土地也能复垦形成耕地，这是原有制度没有覆盖的范围，更加有利于全域范围内的土地统筹管理和利用。

其次，以地票为桥梁，将复垦和使用地票开发建设有机结合。地票不实行项目化封闭运行，不要求复垦和建新项目区一一对应管理，而是以地票为中介，复垦项目与地票对应、地票与落地地块对应。

最后，地票促进了农村土地精细化管理。由于地票实行"收益归农、价款直拨"，必须对土地权属和面积测量实行相当精细的管理才能达到这一要求。为此，重庆市不仅加强了复垦技术规范和工作规程的建设，确保复垦形成耕地的数量真实、质量可靠，更在复垦和价款拨付中引入了现场和网络公示制度，发挥民主监督的作用，使之阳光运行，这既能保障复垦的真实性，也能保障复垦的准确性。

4. 有效化解了土地市场上政府和农民的矛盾

地票运行不要求复垦集中连片，以一家一户申请为单位；不包办农民安置，以农民保障有其他稳定居所为复垦前提；交易形成的收益政府不拿一分钱。这样一来，就完全厘清了政府和农民的关系：农民作为真正的市场主体，根据自身的住房条件、经济条件等，自行判定自己是否有条件参加复垦，是否复垦、何时申请，完全由农民自主决定。政府仅仅作为服务的角色，充分发挥中介组织和市场平台的作用，做好复垦和交易的组织协调和规则制定，无需为"钉子户"发愁，不陷入与农民的收益之争，也没有复垦农户的安置义务。不但不强迫农户复垦，对于条件不成熟的农户，在受理复垦申请时还要做出风险提示，提醒其不要盲目跟风复垦。

5. 以市场化运作促进农村土地"资源、资产、资本"三位一体管理

地票的核心理念和重要创新在于市场化运作，通过市场交易确定买卖双方及交易价格。这种方式与传统的资源配置方式（计划、行政划拨、行政定价等）是完全不同的，把农村土地从资源管理到"资源、资产、资本"一体化管理转变，引导农民逐渐成为农村土地市场建设的参与主体，树立土地财产价值观念，重视土地财产属

性。同时，搭建市场平台，为发现农村土地价值开辟渠道。

从重庆地票改革试验来看，农民对于农村宅基地及附属设施用地的利用和管理观念发生了翻天覆地的变化，由以前不重视房地产权到主动办理权证，由随意将农村房屋赠送、贱卖到珍惜农村土地房屋，由对其他村民乱搭乱建漠不关心到互相监督等。同时，农民对产权的重视，倒逼政府完善农村宅基地审批管理，以精细化为目标加强农村土地权籍管理，以城乡一体化发展为指导加快推进农村土地利用规划编制，加强深层次农村产权制度改革的研究等。

6. 明确土地使用权人和所有权人的收益分享比例

在农村产权制度改革难以一步到位，农村土地使用权和所有权的权利边界不清、主体缺位等状况无法立即改变的情况下，从农村土地收益权入手，率先界定土地使用权人和所有权人在农村集体建设用地上的收益关系，为尽快启动农村产权制度改革、找到改革突破口提供了渠道。重庆市在不改变土地所有权和使用权、不触及现行法律法规对农村土地产权有关规定的情况下，将农村宅基地及附属设施用地的收益按85∶15在使用权人和所有权人之间分配，这一办法在实践中得到农民和集体经济组织的认同。不仅让农户能获得资金进城或改善生产生活条件，也能让集体经济组织的实力壮大，为农村基础设施、公共服务条件的改善做出较大贡献。

（二）地票制度的体制障碍

包括重庆市在内的很多省市在显化农村土地财产权、建立城乡统一的土地市场、保护农民权益等方面有诸多改革实践的探索，也取得了一定的成效。但是，在重庆地票制度改革过程中，也反映出了现行土地管理制度仍然存在的制约因素。

1. 国家层面保障农民土地权利的立法进程仍显滞后

《土地管理法》修订仍未统一形成共识。特别是对集体建设用地参与非农建设、宅基地的使用权和收益权、农户和集体经济组织在土地流转中的角色、集体土地征收为国有的具体情形的规定、征地补偿标准的制订等方面，还缺少可操作的规定。《农村宅基地管理法》等相关法律迟迟未能出台。

2. 农村集体经济组织的市场地位及成员资格认定不明确

尽管法律对农村集体经济组织有表述，但在实际运行中其作为独立市场主体的地位并不明确，由此带来其所代表的集体所有权被虚置、民主决策权被代表等问题。比如，在村庄撤并中，行政主导的色彩非常深厚，农村集体经济组织间的协商及意愿征集、表达明显不够。同时，对农村集体经济组织成员资格认定问题，法律、法规及司法解释都还是空白，这带来了土地流转及征地中农村收益分配的问题，也潜伏着大量社会稳定的隐患问题。

3. 农村土地缺乏统一登记制度

以重庆为例，尽管对土地承包经营权、林权、宅基地使用权和农房都进行了确权登记，也大体完成了任务。但是，由于上述确权登记分别由农业、林业和国土部门分头行动，并没有统一的工作准则和技术规范，也没有测绘等基础工作提供支撑，因此，既可能存在登记遗漏，也可能存在重复登记（如，同一块土地，农业部门登记为承包地，林业部门登记为林地等情况）的情况，影响了登记工作的严肃性。由于没有科学严谨的确权登记体系，农村土地流转、"三权"抵押等促进农民土地财产权益显化的工作就可能面临障碍。

4. 法律上还存在落实农民土地财产权的限制

虽然法律承认了宅基地使用权和土地承包经营权作为用益物权的性质，但是，由于限制了流转范围，宅基地只能在本集体经济组织内部流转，其变现能力及价值实现大大受限。在城镇化、工业化快速推进的背景下，农民向城镇转移是大趋势，如果不考虑其宅基地和农房的有效变现方式，宅基地闲置、废弃等现象普遍存在也就不足为奇了。此外，《担保法》、《物权法》明确规定耕地、宅基地、自留地、自留山等集体土地使用权不得抵押，这抑制了金融下乡，使农村发展成为"跛足"。

5. 对农村建设用地流转市场的政策指导较少

尽管十七届三中全会提出了逐步建立城乡统一的建设用地市场，十八届三中全国进一步提出建立城乡统一的建设用地市场，但受农村规划布局及价值评估等影响，农村建设用地流转市场远未建立。由于缺乏有形的交易市场、基本的交易规则和公开的交易信息收集发布渠道，很难建立起充分的市场竞争和完整的价格发现机制，实际成交价格对价值的反映是不充分的，农民和农村集体的权益也就难以保障。

四、启示和政策建议

重庆农村土地交易所通过四年多的改革试点，已形成相对完善的地票制度体系。鉴于地票与土地管理的政策法规关联紧密，建议修订土地相关政策法规，并适时启动相关配套改革。

（一）修订《土地管理法》等相关法律

《土地管理法》、《物权法》和《土地征收征用条例》等现行法律法规中，还有一些不完全适应保护农民权益新形势、新要求的规定，应该抓紧修改修订，并将各地在农村土地产权改革、农村土地市场建设、农村土地资产的分配和管理等领域比较成熟的改革经验制度化、规范化，纳入上位法之中。同时，建议全国人大尽快对农村集体经济组织成员权进行解释，以便基层操作。

（二）修订《村民委员会组织法》和《集体资产法》

从重庆地票试验来看，随着农村集体土地资产价值的显化，农村集体经济组织的资产将呈快速增长态势，资产管理和收益分配问题越来越急迫地摆在决策者面前，处理不好有可能诱发新的稳定问题。长期以来，农村集体更多地承担了农村基层的政治职能和社会职能，其经济职能往往发挥不够，不是真正意义上的市场主体，造成了集体产权不明，管理不清的问题。因此，建议在《村民委员会组织法》之中重点规定村集体的经济职能或参照《企业国有资产法》单独制定《农村集体资产法》，明确行使集体所有权的主体是农村集体经济组织，明确相应的权利与义务、管理规范及秩序。

（三）完善宅基地的概念、权利和管理体系

建议在《土地管理法》修订中对宅基地概念、收益等予以明

确。将宅基地中住宅建筑占地和宅基地附属的院坝、圈舍等用地一并纳入管理范畴，合并进行审批与登记。并明确赋予农民宅基地的"收益权"，允许农民在保障自身居住条件的前提下，将其住宅用于经营活动获取收益，允许宅基地进入市场流转时，农民可以获得流转收益，或者在退出、腾退宅基地时依法获得补偿和一定奖励。建议废止《确定土地所有权和使用权规定》中"空闲或者房屋灭失两年以上未恢复使用的宅基地，由宅基地所在地的农民集体报经县级人民政府同意后，可以收回宅基地使用权"的规定，对农户依"一户一宅"原则取得的宅基地，应作为财产权予以保护和认可。同时，尽快出台《农村宅基地管理办法》，以便规范农村宅基地管理。

（四）健全农村集体建设用地流转市场

地票作为农村建设用地财产权利变现的变通渠道，主要解决了城市规划建设区范围外的农村建设用地的市场价值发现问题，对城市规划建设区范围内的农村建设用地市场化流转和财产变现，还需要深入研究。建议借鉴城市国有土地市场运行和地票改革经验，从精细规划、精细确权、确立所有权人和使用权人收益分配关系等方面入手，规范推进集体建设用地市场化流转改革，进一步拓宽农民和农村集体经济组织的财产性收入渠道。按照十八届三中全会的要求，对依法取得的集体经营性建设用地，允许转让、出租、抵押，纳入现行的城镇土地市场统一管理。

第五章
国有存量用地经营方式创新：
都市更新与三旧改造

    2014 年全国国土资源工作会议提出："我国东部三大城市群发展要以盘活土地存量为主，今后将逐步调减东部地区新增建设用地供应量。除生活用地外，原则上不再安排人口 500 万以上特大城市的新增建设用地。"虽然"原则上"三个字说明，事实上特大城市仍会获取新增建设用地指标，但以盘活利用好存量用地为主的国有土地经营方式，必然会逐步取代以新增建设用地指标为主的模式，成为东部三大城市群获取城市发展空间的最重要来源。根据城市化发展理论，城市化的过程就是城市不断更新，并带动用地功能性结构和经济性结构不断变化的过程，城市更新的常态化、规范化、标准化和精细化，需要建立起土地结构更新、集约利用的长效机制。尽管 2013 年全国城镇化率仅达到 53.7%，但北上广深等一线城市和部分二线城市的城镇化率平均已达到75%，接近甚至超过了许多发达经济体的城市化水平。在这个阶段，中国这些高度城市化区域的城市化首先要从依赖"新区、新城"建设的外延式扩展，转变为注重存量盘活、提高增长效益和发展质量的内涵式发展。

存量土地管理有别于新增用地管理，需要在制度设计、管理模式等方面进行充分的试验。事实上，全国各地在多年前早已开展各种形式的国有存量用地经营方式创新，典型模式有广东省"都市更新"和"三旧改造""（旧城镇、旧厂房和旧村居）、山西省"工矿废弃地改造"以及云南省"低丘缓坡地改造"等。其中，广东省"都市更新"和"三旧改造"计划启动较早、各项法规政策较完善，也取得了显著效果。截至 2013 年 9 月底，广东省完成"三旧"改造项目近 3000 个，完成改造面积超过 15 万亩，节约土地 7 万亩，相当于单位新增亿元 GDP 所需用地量的 15 倍左右；开发补充耕地 8.67 万公顷，可满足今后 10 年耕地占补平衡的需要。因此，这一章着重介绍广东省"都市更新"和"三旧改造"的做法，在不断深化实践探索的基础上，通过顶层设计，将存量建设用地再开发利用制度与政策纳入我国土地管理法律法规范围，成为一种常态化的土地利用方式和土地管理模式。

一、广东省国有土地利用特点与问题

（一）土地非农化进程

大量的农地资源转为建设用地为广东工业化、城市化的快速发展提供了有力支撑。2011 年，广东省建设用地面积达到 1881.44 千公顷，较之 1996 年[①]的 1425.64 千公顷，年均增加 30.39 千公顷。

---

① 国家第一次土地详查数据时点是 1996 年。

建设用地占土地总面积的比重由 1996 年的 7.93% 提高到 2011 年的 10.48%。其中,城镇用地面积占比从 1.18% 提高到 3.51%。城镇用地中工业用地占比也逐年上升,到 2011 年达到 29.12%。1996 ~ 2011 年间,全省农地年均减少 7739.22 公顷、耕地年均减少 43561.78 公顷。农用地、建设用地与未利用地的比例,由 1996 年的 84.39%、7.93% 和 7.69%,演变为 2011 年的 83.88%、10.48% 和 5.65%。

表 5.1　　　　　　　广东土地非农化进程表　　　　单位:千公顷

年份	流出地类	流入地类面积					
		城市	建制镇	农村居民点	采矿用地	交通运输用地	其他建设用地
1996 ~ 2000 均值	耕地	1410.88	1935.22	2405.52	5034.16	2462.31	1124.59
	园地	445.56	223.70	370.30	1571.12	514.70	150.48
	其他农用地	1000.58	3152.54	1099.86	4557.06	1834.19	1511.82
2001 ~ 2005 均值	耕地	730.41	822.14	800.98	3661.09	682.77	130.08
	园地	596.65	1243.98	689.29	3983.58	447.29	201.40
	其他农用地	1189.07	2108.60	1468.53	8695.91	1146.09	564.43
2006	耕地	745.45	746.38	1450.48	5771.43	572.73	146.03
	园地	1576.25	914.28	254.14	4913.24	608.06	79.99
	其他农用地	1875.01	1598.33	2456.53	10136.64	1391.43	320.34
2011	耕地	1376.51	1788.22	785.31	19.55	1723.17	382.10
	园地	1196.22	1460.03	918.38	28.23	1012.54	188.09
	其他农用地	2459.96	5042.53	1676.63	160.93	3946.09	2402.49

注:①流量数据为地籍部门历年数据整理,1996 ~ 2002 年土地分类采用 8 大类;2002 ~ 2008 年为三大类,其中采矿用地包括了工业用地及采矿用地;2009 ~ 2011 年为 12 大类,其中城市、建制镇、农村居民点包括了工业用地。②表中数据采用最新国家标准,历史数据经过对应转换,会存在个别地类差异。

资料来源:WIND 资讯库。

（二）土地利用特点与问题

伴随着工业化、城市化的快速发展，广东省土地利用不仅呈现出建设用地增长快、工业用地主体地位突出的特点，部分区域土地开发强度偏高、新增建设用地空间受限的特点也日益明显。2011年，全省土地开发强度达到 10.48%。其中，珠三角地区超过 16.53%，深圳、东莞更是超过 40%。与新一轮土地利用总体规划所确定的 2020 年控制规模（2006 千公顷）相比，全省可用新增空间仅余 124.56 千公顷（包括批而未用），新增建设用地空间不大。与此同时，目前的土地利用还呈现出浪费、低效，结构性矛盾突出等一系列问题。

第一，用地浪费及低效现象普遍。

一是城市规模外延扩张占用过多土地。根据广东省历年土地变更调查数据，1996～2011 年间，广东城镇用地面积增长近二倍（195.67%），年均增长 7.50%，与二三产业 GDP 增长基本保持同步趋势，单位二三产业 GDP 每提高 1 亿元，城镇用地面积就增加 9.39 公顷。城镇用地占建设用地的比重由 1996 年的 14.94% 上升到 2011 年的 33.48%。如果按照城市规划中建成区概念统计，1999～2010 年间，广东城市建成区面积增长 167.84%，相当于单位二三产业 GDP 增长每亿元，城市建成区扩大 0.39 公顷。2011年，广东人均城市建设用地达到 150 多平方米，远高于经济发达国家人均城市建设用地 82.4 平方米和发展中国家人均用地 83.3 平方米的水平。

表5.2   广东省城镇用地的经济产出效率：1996～2011 年

年份	年末城镇用地面积（平方公里）	城镇用地年增长（%）	生产总值（二三产业可比价）年增长（%）
1996	2130.59		
2004	2913.70	2.53	15.16
2005	3219.67	10.50	14.41
2006	3304.54	2.64	15.36
2007	3383.25	2.38	15.41
2008	3435.60	1.55	10.39
2009	5830.11	69.70	9.98
2010	6097.98	4.59	12.59
2011	6299.50	3.30	9.94

注：2009 年为第二次土地调查，与前一年度土地数据不衔接，导致增长率异常。
资料来源：WIND 资讯库。

二是开发园区遍地开花且存在"圈而不用、用地粗放"现象。截至 2012 年底，广东省共有 129 个开发区（不包括旅游度假区）和省级产业转移园区，规划用地 10.28 万公顷，占全省建设用地比重达 5.46%。已建成项目用地中，容积率、建筑密度、投资强度偏低的现象也极为普遍，个别开发区综合容积率和建筑密度仅为 0.06 和 3.2%；一些工业用地容积率甚至仅为国家控制标准最低值的十分之一（最低值 0.05）。

三是农村用地散乱无序。农村用地因缺乏规划引导，村庄布局散乱无序，一户多宅、空心村等现象十分严重。1996～2011 年间，广东农村人口减少近千万，农村居民点用地却增加了 14.91 万公顷，人均用地面积增加了近 47.53%，出现了较多的空心村和废弃宅基地。

2011 年，虽然全省土地开发强度已达 10.48%，但单位土地

GDP 产出（2959.21 万元/平方公里）却远远低于日本、韩国、德国等发达国家，也低于上海、江苏、浙江等省份。1999 年以来，平均每新增亿元 GDP 需新增建设用地 8.01 公顷。作为地区经济发展的重要载体与引擎，一些开发区的单位工业用地产出低至 48.04 万元/公顷（2009 年数据）。

（万元/平方公里）

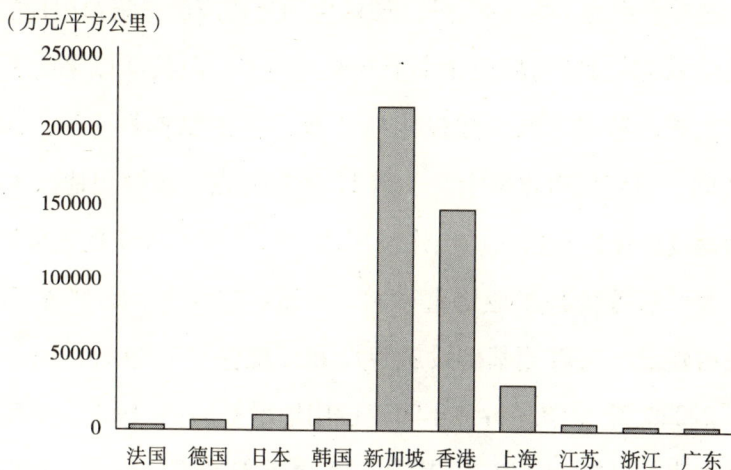

图 5.1　2011 年单位土地产出的国际比较

数据来源：WIND 资讯库。

第二，用地结构性矛盾突出。

一是工业用地占比过高。根据城镇地籍调查数据，2011 年广东城镇建设用地中，工业用地占比 29.12%、商服用地占比 5.46%、住宅用地占比 29.91%、交通用地占比 12.02%、其他用地占比 23.50%。与世界发达国家或地区相同社会发展阶段的用地结构相比，明显存在着工业用地比重偏高、商服及住宅用地比重偏低的结构性矛盾。

表5.3　　　　　广东省与欧美等发达国家用地结构对比表（％）

国家地区	商服用地	住宅用地	交通用地	工业用地	其他用地
欧美国家（60、70年代）	45～50		5～10	10～25	8～15
广东省（2011年）	5.46	29.91	12.02	29.12	23.5
广东与国外占比差值	（-9.64）～（-14.64）		7.02～2.02	19.12～14.12	15.5～8.5

　　资料来源：《2012年广东省国土统计年鉴》；石忆邵等，《产业用地的国际国内比较分析》，中国建筑工业出版社，2010年。

　　二是城乡用地"两头扩张"。城镇化的过程应该是集约用地的，农村居民点用地减少应与城市化率上升保持同步。但长期以来的不完全城镇化模式，造成了城乡建设用地"双扩"的结构性矛盾。2000～2011年间，广东城市化率上升了近21个百分点，城镇用地以8.94%的年均速度扩张，农村居民点建设用地也以每年1.90%的速度增长。

　　三是政府等公共用地比重过大。2008～2011年间，广东用于保障性住房建设、文教等基础设施建设和环境保护（绿地）的土地共增加了22228.23公顷，占三年间建设用地增量的24.19%，年均占当年土地供应总量的34.67%。其中，12个重点城市（区）[①]中心城区实际新增建设用地中，用于公共管理和公共服务的用地比重达到15%，如果加上交通运输和保障性住房用地，占比将达到30%左右。

表5.4　　　　广东省2008～2011年间土地供应情况　　　　单位：公顷

城镇土地分类	供应面积	城镇土地分类	供应面积
公共建筑用地	4886.42	商业金融业用地	4263.96
市政用地	3526.11	工业仓储用地	22062.08
交通用地（含管道运输）	10494.90	特殊用地（含殡葬）	194.43
保障性住房用地	3328.85	水域用地	820.00
其他住宅用地	14044.56	其他用地	497.02

　　资料来源：《广东省土地市场动态监测与监管系统》。

---

　　①　指珠三角9市加上湛江、汕头和顺德区。

表 5.5	2011 年广东省公共用地现状	单位：公顷
公共用地类型	公共用地细类	面积
公共建筑用地	机关、宣传	12428.68
	科教用地	26505.97
	医卫	3243.44
	文、体、娱	7413.36
市政用地	市政公用设施	7428.79
	绿化	11875.19
交通用地	铁路	851.97
	其他交通	73720.67
	民用机场	234.52
	港口码头	903.05
特殊用地	军事设施	2754.09
	涉外	1.65
	监狱	643.05
	宗教	341.85

注：地类分类参照城镇土地分类，数据为 2011 年城镇土地利用现状变更数据，地类经对应转换。

资料来源：《广东省土地市场动态监测与监管系统》。

表 5.6		12 个重点城市（区）中心城区新增建设用地			单位：公顷
年度	商服用地	工矿仓储用地	住宅用地	公共管理和公共服务用地	交通运输用地（不含农村道路）	其他建设用地
2008	26.46	190.74	236.07	473.97	323.34	4.65
2009	126.47	640.37	387.89	650.67	388.52	2406.52
2010	327.49	4085.77	1269.00	1300.53	1260.75	481.50
2011	274.28	2211.28	1850.74	931.78	1037.96	1495.62

资料来源：《广东省土地市场动态监测与监管系统》。

第三，后备资源匮乏制约补充耕地能力。根据 2003 年广东省耕地后备资源调查评价结果，全省共有耕地后备资源 165971.27 公顷，包括荒草地、盐碱地、沼泽地、苇地、滩涂及废弃压占地、自然灾害损毁地等。但符合国家级耕地后备资源标准的土地①仅有42915.11公顷，其他的多是面积相对较小、分布较为零散的地块。且近80%的后备资源分布在沿海地带和山区（如汕尾、河源），珠三角地区和潮汕平原地区少量的耕地后备资源多为滩涂。经过近10年的开发建设，并扣除政策性限制开垦的滩涂面积（如珠江口地区）以及不具开发价值的未利用土地（如苇地、盐碱地），广东实际可用于补充耕地的后备资源极为有限，且多分布在水源不足（如韶关、湛江）和生态脆弱地区（如梅州、河源）。近两年，广东省有8个市（7个位于珠三角地区），都通过以19.50万元/公顷~21.00万元/公顷的价格购买外市耕地储备指标（多则3307.87公顷，少则133.33公顷），才能完成耕地占补平衡任务。

第四，历史遗留问题用地数量巨大。截至2011年底，广东省仅标图建库的"三旧"改造地块中，需完善手续的就有90733.33公顷，约占总入库面积的35.14%，占全省建设用地总面积的4.65%。此外，还有相当数量的历史征用留用地，由于新增建设用地指标有限无法得到落实；一些统征地或不完全的城市化转地，由于各种原因，衍生了一些历史遗留问题。如深圳，经历了1992年特区内统征和2004年特区外城市化转地。由于特区外土地仅完成了形式上的性质转换，补偿安置未有相应跟进，多数土地实际上还由原农村集体经济组织管理、使用。随着经济持续高速发展、人口

---

① 可开垦荒地集中连片面积大于40公顷、每片面积不小于6.67公顷；可复垦土地集中连片面积大于20公顷、每片面积不小于3.33公顷。

持续增加以及"三来一补"企业在落户深圳特区的同时，大量向特区外扩展，带来了对厂房、出租屋需求的激增，特区内外的村集体组织和村民不断突破政府"红线"限制，违法违规抢建私房和工业厂房或在私房上加建楼层用于出租的现象比较普遍。据统计，截至2012 年底，原农村集体经济组织占用的约398 平方公里土地中，就有约300 平方公里的用地涉及历史遗留、违法违规等问题。

二、"都市更新"和"三旧改造"的背景

1996 年，广东省人均耕地就已低于联合国确定的人均耕地警戒线（0.053 公顷），2011 年更是降至0.029 公顷。且耕地总体质量在一定时期下降趋势明显，粮食安全和耕地保护形势极为严峻。不仅如此，经济增长过度依赖投资、城市化水平与城市化内涵的不匹配且滞后于工业化的发展特点，以及传统的摊大饼发展理念，也使广东省面临着土地供需矛盾加剧、资源利益冲突高发、生态环境恶化的窘境。这些发展困境主要表现在以下几方面。

（一）拓展发展空间与指标约束的矛盾长期存在

早在2002 年，广东省建设用地总规模就已超过上轮土地规划确定的4.6 万公顷指标，全省21 个地级市中有9 个市的建设用地规模突破了2010 年的规划控制指标[1]。2011 年，全省建设用地面

---

[1]　《广东省土地利用总体规划（2006～2020 年）》修编说明。

积已达到新一轮规划确定的2020年控制规模的93.79%，有23%的县级单位建设用地规模，24%的县级单位城镇工矿用地突破了2020年相应规划指标。从新增规模上看，国家下达广东省建设用地年均增量控制指标为19333.33公顷，与1996年至2011年间全省年均使用增量（30386.67公顷）相比，年均缺口达11053.33公顷。

（二）提高城市集聚能力和生产率的必然要求

20世纪80年代末期，随着广东经济的起飞，市场经济开始快速升温。由于未能及时建立相配套的规则，一些微观经济体在利益驱使下无序扩张和膨胀，造成区域化产能过快升温，投资产业失调，建设用地迅速扩大，土地城市化水平急速提升。但由于人口基数大，且长期以来实行重工业、轻商业；重生产、轻生活；重加工、轻基础设施的政策，公共财政投入不足，导致基础服务设施和公共服务产品较为缺乏，且多年超负荷运转、城市内部系统的自我更新和优化滞后于社会经济的发展需求。进入新时期，广东省城市发展功能定位发生很大变化，城市发展不仅面临着实体的物质性老化，也面临着功能性衰退与结构性衰退。城市整体机能的下降和生态环境日趋恶化引发了城市更新改造的主动诉求，这也是城市化、工业化发展到一定阶段后的必然结果。

（三）提升地区竞争力需要优化城市结构

城市化、工业化的快速发展引起用地需求结构的变化，是城市化、工业化发展到高级阶段后，人们对生态、环境和生活质量的要求不断提高的直接反应。30多年前，广东从珠三角"三来一补"

的分散化粗放型、高能耗的工业发展起步，完成了工业化的"原始积累"。并在相当长的时间里，依赖"低地价、高投入、低工资"的优势，通过低技术含量、低附加值、低环境门槛的产业发展模式，实现了经济的高速增长。但同时也造就了产业结构总体层次不高、生产要素利用效益低的状况。不仅技术创新能力不强、经济整体素质不高，缺乏真正走向世界的竞争力，还加剧了土地资源的瓶颈约束和生态环境的恶化，部分城市（如深圳和东莞）土地开发强度甚至已经达到生态环境所能承受的极限。优化用地结构、加快经济结构调整势在必行。

三、国有存量用地经营的政策创新

广东省立足规划编制实施、土地市场建设、土地产权制度、利益分配机制等土地管理的核心环节，围绕存量建设用地在占用、开发、处置、收益等方面与新增建设用地的差异性，进行了一系列改革探索与制度创新。

（一）探索国有土地供应制度创新

一是允许将拆迁安置与土地使用权捆绑作为交易标的，采取"毛地"方式出让，拆迁费用和合理利润作为成本从土地出让收入中支付。突破了商品房用地必须"净地"出让的规定，使拆迁主体与实施主体合二为一，有利于引入社会力量参与"三旧"改造，解决因政府资金不足影响改造效率的问题。利用土地二次开发的增值收益弥补搬迁补偿安置的成本，也有利于增强开发商参与改造的意愿，推动改造项目的顺利实施。

二是允许改造后地块（包括按规定完善历史用地征收手续的）以协议方式出让（政府收购储备后再次供应除外），突破了现行法律法规及相关规章关于工业和经营性用地必须采取"招拍挂"方式出让的规定。但因原土地权利人的意愿与利益得到充分保障，大大提高了其释放土地、参与"三旧"改造的积极性，增强了市场主体的投资信心。同时由于"三旧"改造项目得以启动实施，也使政府能够获得即期的土地收益和长远的税收增长，形成"多方共赢"的格局。

三是允许市、县政府在统筹考虑征地拆迁成本等因素的基础上，制定"三旧"改造用地涉及土地出让金的计收标准、方式。如《深圳市城市更新办法》（深府令第211号）结合"三旧"改造实际需要，在公告基准地价的基础上，统筹考虑土地使用权剩余期限、原有建筑面积的搬迁成本、城中村的基础设施水平、产业发展政策等因素，按照项目类别、容积率大小、改造用途等制订"三旧"改造项目土地使用权出让地价计收方式和标准（减免、按公告基准地价的20％、50％补缴地价）。这一政策实际上是与允许"三旧"改造地块"毛地"、"协议"、"捆绑"出让政策相配套的。突破了现行法规政策对国有土地使用权协议出让最低价、招拍挂出让底价，以及国有土地使用权受让人不得直接将征地和拆迁补偿费支付给村集体经济组织或农民等的限制。但充分考虑了"三旧"地块涉及权益人多、利益关系错综复杂的特点，简化了交易流程、减轻了改造主体的负担，政府土地出让收益也得以保障。如深圳田贝旧村改造项目，改造项目应缴的地价总额约为 5110 万元（均价约为 532.3 元/平方米）。若按新增建设用地出让地价计收标准测算（即重新规划后的净地出让价格，不扣减拆迁补偿等费用），预计应缴地价总额约 6 亿元人民币（均价约 6500 元/平方米）。两者相比，前者明显低于后者，但若考虑拆迁补偿等费用收支冲抵，政府实际土地出让收益基本相当。

（二）创新存量土地开发利用模式

一是鼓励各种市场主体多种模式实施"三旧"改造。包括在一定条件下，允许原土地使用者自行改造，并根据不同改造模式的需要在产权管理、供地方式和扩大集体建设用地流转范围等方面予以扶持。改变了传统的由"政府征收→拆迁→出让/划拨，再由建设单位完成开发改造任务的模式"（征收国有土地上房屋并收回国有土地使用权或征收集体建设用地并完成拆迁后出让或者划拨土地），有效避免了被改造地块的单位和个人由于被排除在改造利益分配外所导致的政府或开发建设单位与被改造者之间的冲突和对抗，也避免了政府财力有限可能导致的改造效率低下，甚至难以开展的困窘（2008～2011 年间，广东省累计投入的 3318.4 多亿元改造资金中，社会投资占了 69.73%）。同时，有效调动了存量土地使用权人再开发改造的积极性，最大限度盘活了存量建设用地、显化资产价值、增加土地有效供应。

二是允许"三旧"改造中涉及的符合规划的零星农用地、未利用地一并纳入改造范围，不再单独办理用地审批手续。有效避免了因零星用地难以单独开发利用而造成的土地资源浪费现象。

三是允许异地改造以及使用耕地占补平衡储备指标，用于"三旧"用地异地改造中的耕地占补平衡。借助城乡建设异地增减挂钩试点政策，增加安排改造腾挪周转指标，根据优化用地布局的需要，施行异地改造策略，并使用当地耕地占补平衡储备指标，解决"三旧"用地异地改造中耕地占补平衡问题。将"三旧"用地改造形成的大片城市绿地按农用地管理，并将其相应的建设用地规模及指标调整到其他地方使用，更是大大提高了地方政府改造的积极性，避免了城市中心地区开发强度过高。

（三）完善集体建设用地权能

一是放宽对集体建设用地使用主体和用途的管制，允许集体建设用地在征得本集体经济组织 2/3 以上成员或者 2/3 以上村民代表同意的前提下，用于现行的土地管理法律限定之外的其他用途以及流转给村集体以外的单位和个人进行非农建设。有效解决了土地用途管制制度不适应城镇建设发展需要以及依靠农村集体自身力量难以完成改造的问题。同时，也体现了赋予集体建设用地与国有建设用地相同的权能、推动城乡统筹协调发展的改革方向。

二是允许集体建设用地依法申请报省政府批准征为国有，并交由村集体经济组织自行改造或与有关单位合作开发建设。在符合规划等相关条件的基础上，经农民集体自愿申请，地级以上市人民政府可以批准将存量集体建设用地直接转为国有建设用地，不再办理征收审批手续；允许纳入"三旧"改造范围的各类没有合法用地手续的历史用地，按照其用地现状完善用地手续，并以协议方式出让土地使用权。同时，违法用地行为发生时没有要求听证、办理社保且被征地农民无意见的，可不再办理。较好地解决了集体建设用地征收为国有建设用地程序复杂、耗时较长、影响村集体改造积极性的问题，有利于推动旧村庄集体建设用地改造升级，加快新农村建设。

三是允许在符合土地利用总体规划和控制性详细规划的前提下，不同权利种类的存量建设用地通过协商，以土地位置调换等方式等价调整使用。突破了现行法律法规约束下，国有土地不可逆转的不成文原则。但避免了按照法定的程序统一权属关系程序复杂、耗时长、难度大的问题，大大提高了土地整合的效率，也初步体现了同地同权同价的土地产权制度改革意图。

截至2013年底，广东省标图建库的"三旧"改造地块中，集体土地占据了53.12%，其中，需完善用地手续的地块面积占比达35.14%。存量集体建设用地的潜力释放不仅对于缓解用地供需矛盾具有十分重要的作用，而且围绕存量集体建设用地潜力释放所进行的创新探索对于解决当前土地管理中的制度性关隘，也具有十分重要的借鉴意义。

（四）构建利益共享机制

一是改革土地收益分配机制，根据改造模式实行不同的增值收益共享模式。包括返还原土地使用权人不高于60%的土地出让净收益用于发展；给予地价优惠；保留所有权性质，农民集体通过收取租金的方式直接取得土地增值收益；自行改造或合作改造并获取增值收益；承租人自行改造，与出租集体共享改造收益。

土地收益分配机制的改革和调整，极大地释放了社会力量推动

"三旧"改造的潜力，不仅促进了"三旧"改造工作的开展，也实现了经济增长以及政府和参与"三旧"改造各方的共赢。截至2011年底，在广东省已完成的2443个改造项目中，改造后的第二产业项目年产值比改造前增加了56.38%；第三产业项目年营业收入比改造前增加了206.99%；已完成改造项目年度税收比改造前增加了165.84%；改造项目涉及的村集体年收入比改造前增加了131.81%。

二是实施差别化的补偿、地价政策，保障改造整体利益。包括优先预留公共用地（如东莞市的"拆三留一"政策）；按照同地段商业基准地价的一定比例，计算非营利性公共服务设施改造地块的补偿款；按改造用途、区位分类收取地价；有条件免交地价；出让金按比例返还；通过出让收益转移支付实现资金平衡；配建保障性住房等。通过合理调节不同区域、不同用途"三旧"改造项目收益分配，有效避免"三旧"改造中过度追求收益高项目的倾向，实现了各类"三旧"改造项目的均衡发展，促进了城乡功能和形象的整体改善。

四、建立国有存量用地管理长效机制

广东省的"都市更新"和"三旧改造"工作，充分尊重存量土地与新增建设用地间客观存在的差异性，通过机制与政策创新，有效推动存量土地的二次开发，在不增加用地数量的情况下，实现了社会和谐、经济发展与环境改善多重目标。实际上就是坚持"平等协商、市场取向、利益共享、多方共赢"的政策设计理念，以政策创新促土地管理机制与管理手段创新的实践。对于全国同类型地区而言，其借鉴意义主要有以下几点。

（一）建立严格的管控标准和弹性土地供应机制

一是在节约集约用地原则指导下，整合各类行业用地标准；完善基础设施、公共管理公共服务用地、村镇建设用地等市场化配置程度较低的用地标准；制定围填海新造地、地下空间的用地标准。通过细化各行业的建设用地定额指标，合理设置用地准入门槛，实现对各类建设用地规模的有效控制。二是制定适应不同产业周期、特点的工业用地供应体系，对产业用地的供地方式和供地年限实行弹性管理，如推行以土地年租制与弹性年度供应期（封顶或长短结合的供应期）相结合的土地供应方式，并建立相应的操作规范。

（二）建立国有存量土地"可进可退"的市场机制

一是完善土地出让合同管理，建立土地利用评估退出机制。在土地出让或租赁合同中增加限制性条款，明确规定企业土地用途和退出条件以及违法合同规定的惩罚措施。结合建设用地评价，对建设进度、建设强度、投入产出效益等进行综合评估。根据评估结果，相应采取延期、回购或回收等措施。二是探索实施差别化的产业用地税费政策，通过提高落后产能企业的土地使用税征收比例，形成存量土地倒逼退出机制。三是实施更为严格的闲置土地认定和差别化的处置办法。在处置方式上则本着最快发挥土地效益的原则，依据不同的闲置原因区别对待，灵活处理，包括安排临时使用，有偿或部分有偿收回，异地等价置换，责令限期开工等方式。

（三）深化国有土地行政管理制度与体制改革

进一步深化土地制度改革，积极开展土地集体所有制前提下实现城市化的试点探索，为完善相关法律法规提供参考和借鉴；深化征地制度改革，推行集体土地所有制前提下自主实现城市化；建立城乡统一的资源交易平台，在总结南海等地改革试点经验的基础上，通过建立公开、公正、公平的统一交易平台和交易规则，促使主体平等、交易主导供求关系和价格的土地市场的形成。

附录　深圳市都市更新的做法及启示

"拆迁难"是我国各地区推进城市化过程中普遍面临的"老大难"问题。如何摆脱政府主导式的"行政强拆"，是新型城镇化可持续推进的关键。深圳市 2009 年通过《城市更新办法》，并启动了以"城中村"改造为核心的城市更新计划，在符合规划条件下，鼓励并允许"城中村"的产权所有者——原集体经济组织探索自主改造和合作改造等方式，打破"政府收储—拆迁安置—政府出让土地"的政府主导式更新模式，建立起了各个利益主体平等合理的利益获取和分享机制。5 年多的实践表明，深圳市"市场主导、政府引导"的城市更新模式，在提升城市基础设施和公共服务设施水平、大幅提高居民财产性收入以及为下一轮城市化注入发展新活力等方面，发挥了重要作用，特别是在克服"行政强拆"方面，为其他高度城市化地区的城市更新提供了有益借鉴。

一、深圳市城市更新中面临的突出问题

2010 年土地变更调查表明，深圳市的土地面积是 1991.71 平方公里（不到 2000 平方公里），可供开发的土地约为 900 平方公里，但到 2013 年底，仅有 80 多平方公里的土地可以开发。新增用地即将耗尽，决定了深圳市下一阶段的产业结构调整、城市转型发展和增长方式转变，已经不可能依靠增量土地开发的传统模式，只能通过盘活存量土地进行二次开发。而在盘活存量土地、推进城市更新过程中，深圳市又面临着相当棘手的突出问题。

第一，原农村集体经济组织掌握了约一半的存量建设用地。2013 年，深圳市存量用地供应占比已达到 60%。由于历史原因，深圳市近一半的存量建设用地掌握在原农村集体经济组织（现为社区股份公司）手里。其中，"城中村"面积约 44 平方公里，范围遍布全市，特区内有 91 个，特区外有 150 个。在这种格局下，只有充分保障原土地所有者和使用者的利益，城市更新才有可持续推进的可能性。

第二，历史遗留用地问题突出，城中村、旧工业区等土地权益和产权归属关系复杂，单纯的旧城改造和拆迁安置政策难以解决。深圳市在 1992 年和 2004 年的两轮城市化推进过程中，都试图解决土地权属不清、城村规划不衔接等问题。2004 ~ 2007 年，在盘活"旧住宅、旧商业区、旧城中村和旧工业区"用地方面，深圳市共出台了五部地方法规和意见，但由于延续以往的"行政拆迁"模式，政府与单个权利主体谈判的成本极高，"钉子户"现象始终无

法消除。截至 2010 年 1 月，深圳市未办理任何审批手续的违规建筑达 2.93 亿平方米，占总建筑面积的 39%。原农村集体组织拥有的 390 平方公里建设用地中，合法用地仅占四分之一，四分之三的土地都存在产权复杂、征转手续不清、违法建设等问题。

在这种情况下，如何延用传统行政拆迁方式，解决问题、难点，需要探索新的方式，深圳市进行了有针对性的探索。

二、深圳市运用市场主导、政府引导进行都市更新的探索

截至 2014 年 3 月，深圳市纳入城市更新计划的项目共 407 项，涉及拆除用地面积约 35.55 平方公里。其中，2013 年深圳市更新项目供应房地产用地 290 万平方米，占房地产用地供应总量的 36%。建立规范有效的城市更新长效机制，是深圳市城市更新项目推进顺利的重要保障。

第一，充分调动政府、集体组织和开发企业等各类主体积极性，精细化规划和多样化实施城市更新计划。城市更新过程中涉及的权利主体众多，利益诉求难以有效统一，政府与分散化权利主体"一对一"谈判的成本过高。为避免产权分布过于分散而导致的"反公地悲剧"，深圳市规定，政府不再作为改造更新的唯一组织主体，允许由权利主体（村集体组织）自行实施、市场主体（受权利主体委托的开发企业）单独实施以及合作实施（村集体组织与开发企业）城市更新。所有权利主体通过"以房地产作价入股成立或者加入公司"、"与搬迁人签订搬迁补偿安置协议"以及"房地产被收购方收购"等方式，形成单一主体，与原农村集体经济组织继受单位签订改造合作协议。这就突破了"先腾退土地，再由政府进

行招拍挂"的传统做法。政府主要负责规划和搭建平台，集体组织内部成员的土地确权、补偿范围、收益分配等均由集体组织负责解决，再由集体组织这一单一市场主体单独实施更新或由开发企业合作实施，避免了政府的直接介入。

充分保障和维护权利主体的各项权益，始终贯穿在折旧建新类城市更新计划中。城市更新单元拆除范围内用地为单一地块，权利主体单一的，要先征得主体同意；建筑物为多个权利主体共有的，占份额三分之二以上的按份共有人或者全体共同共有人同意进行城市更新；建筑物区分所有的，专有部分占建筑物总面积三分之二以上的权利主体且占总人数三分之二以上的权利主体同意进行城市更新。城市更新单元内用地属城中村、旧屋村或者原农村集体经济组织和原村民在城中村、旧屋村范围以外形成的建成区域的，须经原农村集体经济组织继受单位的股东大会表决同意进行城市更新。

第二，建立健全土地增值收益在政府、集体组织和用地企业之间的合理分配关系。深圳市城市更新办法中关于土地增值收益的分配模式，主要借鉴了台湾地区的"区段征收"、"发展权共享"的思路。其核心是在每一个城市更新单元里，留出一定比例的发展用地给原集体组织。例如，对已列入城市更新计划的原农村集体经济组织未征未转用地，80%由继受单位进行城市更新，20%纳入土地储备。

按照城市更新单元规划，每一个更新单元都有保障性住房、创新型产业用房、城市基础设施和公共服务设施等配建要求。这是土地增值收益分配的另一种表现。深圳市《城市更新办法》规定，城市更新单位应提供不少于15%和3000平方米的用地用于基础设施和公共服务设施建设。住宅类城市更新项目按照不低于住宅总规模的 5% ~ 20% 的比例配建保障性住房。

第三，针对不同类型的历史遗留用地，分类施策，纳入合法化、规范化和一体化管理。深圳市在 2004 年将全部建设用地国有化，从法律上讲就不存在"小产权房"了。但事实上，在许多城市更新项目中的众多城中村，还遗留着数量庞大的由集体组织成员兴建和扩建的各类建筑，许多没有经过确权登记的房屋出售给社会，就会形成事实上的"小产权房"。城市更新计划为这类建筑有序走向合法化提供了法律依据。2009 年《城市更新办法》第二十七条规定，"非商品性质房地产转为商品性质的，应当按照有关规定另行补缴相应地价"。具体规定是，建筑容积率在 2.5 及以下部分，不再补缴地价；建筑容积率在 2.5 至 4.5 之间的部分，按照公告基准地价标准的 20% 补缴地价；建筑容积率超过 4.5 的部分，按照公告基准地价标准补缴地价。拆除重建类的工业区升级改造项目升级改造为工业用途或者政府鼓励发展产业的，原有合法建筑面积以内部分不再补缴地价；增加的建筑面积按照公告基准地价标准的 50% 缴纳地价。

值得注意的是，并不是所有"城中村"的建筑都可以合法化，只有权属确定的更新对象才允许补缴地价。2012 年 8 月 21 日出台的《暂行措施》规定，已纳入城市更新、未征转或未补偿、用地手续不全、行为发生在 2007 年 6 月 30 日以前的历史用地，原农村集体经济组织继受单位（即村集体）应作为唯一的土地确权主体。

三、深圳市城市更新对新型城镇化推进的启示

从国际经验看，制定城市更新计划是所有经济体经历了城市化的初级和中级发展阶段，进入城市化高度发达阶段时的必然选择。从我国情况看，2013年全国城镇化率已达到53.7%。北上广深等一线城市和部分二线城市的城镇化率平均为75%，已达到发达经济体的城市化水平。深圳市经过5年多的探索实践，积累了城市更新的许多好做法，但也碰到了一些亟待完善和解决的问题。未来新型城镇化的推进，在合理分享土地增值收益、充分发挥市场机制和更好发挥政府作用等方面，可以充分借鉴深圳市城市更新的做法和经验。

第一，建立健全城市更新过程中各利益主体的收益获取和分享机制，重点是建立公平合理的谈判平台与合作机制。深圳市的经验表明，政府、开发企业、村集体与村民在内的各权利主体有效合作，是顺利推动城中村改造和城市更新进程的关键。尤其在涉及城中村、城乡结合部等利益关系复杂、产权归属模糊的历史遗留用地问题时，政府要鼓励集体经济组织与开发企业的直接谈判，更多地利用市场化方式保障村集体和村民各项权益，采取包括"留一定比例建设用地给集体"、"允许自主开发"等措施，提高集体经济分享土地增值收益的比例。

在具体操作中，建议针对土地和各类建筑的使用权剩余年限来制定差异化的补偿标准，构建更合理的增值收益分配结构。深圳市《城市更新计划》规定，改造完后按照1∶1甚至更高的面积比例，把宅基地、集体经营性用地等集体土地变成统一期限的国有土地，不管改造前的宅基地和集体经营性用地的实际使用年限。考虑到未

来城市更新计划会更多涉及国有土地上不同使用权主体的利益，比如在存量工业用地转成其他用地和老旧小区改造过程中，土地所有权没有变化，由于原有国有土地使用权的剩余期限不同，补偿标准应该有所差异。但深圳市现有的城市更新办法，没有针对国有土地使用权的剩余期限，来制定差异化的补偿方案。这会造成土地增值收益分配不公的问题。

第二，高度重视城市更新计划实施前的确权登记工作，做到权属清晰、权益清楚。由于城市更新过程涉及的集体土地产权归属复杂，深圳市建立了一套比较完备、成熟的确权登记法规和实施机制。在实施城市更新计划前，政府、开发企业和集体组织会引入一个第三方确权评估小组，专门负责登记集体土地产权面积、归属和年限等信息，作为下一步确定补偿标准和补偿金额的依据。从深圳市的情况看，每一个城市更新项目的确权登记工作平均要花费1年左右时间，但这是城市更新项目顺利推进的必要条件。如果权属不清，后期的补偿标准和补偿办法都无法制定，城市更新的市场化机制也不可能建立。

第三，适时修订涉及到"城中村"、老旧小区拆迁改造和工业用地转用途等相关法律法规，探索城市更新立法，为市场主体自主更新和合作更新创造条件。现行法律规定，城市住房拆迁和工业用地转用途，只能由政府作为实施主体，按照"先拆迁—土地平整—招拍挂出让"的模式推进，不允许原有土地所有者和使用者进行自主和合作开发，也不允许把改造完的土地协议出让给开发企业。深圳市的城市更新办法打破了"两个不允许"，允许开发企业自主制定和实施改造规划、按照协议出让价获取改造后的土地，这是开发企业愿意介入城市更新的最重要原因。借鉴深圳的经验，可适时修订涉及"城中村"、老旧小区拆迁改造和工业用地转用途等相关法律法规，为市场主体自主更新和合作更新创造条件。

在鼓励市场主体自主更新的同时，建议探索城市更新立法工作，完善依法处置各方利益冲突的法律裁决机制。深圳市目前只有《城市更新办法》、《城市更新办法实施细则》和《城市更新专项规划》，但没有制定出一部具有法律效力的《城市更新条例》，这是阻碍深圳市城市更新实施有序推进的深层次原因。在执行城市更新计划中，一般都是由村集体组织理顺集体成员的利益分配关系，但由于村集体是自治组织，和村民不是行政管理关系，因此在集体和村民发生利益冲突时，一方面是村民无权提起行政诉讼，另一方面在出现极少数"钉子户"时，集体组织也无法向法院起诉村民。尤其是"城中村"土地和房屋的产权在"灰色市场"中转手多次，如果现行业主是外村人，不通过法律途径，处理集体组织与业主权益纠纷的难度会更大。

最后需要指出的是，采取市场主导式的城市更新模式，并不意味着所有的更新项目都必须由市场主体自主更新和合作更新。从深圳市五年多来的更新经验看，采取"至下而上"的合作改造更新模式，由开发企业或集体组织作为实施主体，从自身利益出发，会偏好于区域位置好、容易改造的城中村更新，那些位置偏僻、改造难度大的"城中村"只能留到以后由政府去实施改造。另外，涉及重大基础设施、公共服务设施和城市公共利益的城市更新项目（比如地方政府的土地储备项目），单纯依靠市场力量就难以有效推进，需由政府主导组织实施。

第六章
国有土地经营体系创新的方向与基本途径

按照十八届三中全会和《新型城镇化规划：2014－2020》的总体要求，改革和创新国有土地经营体系的目标就是建立城乡统一的建设用地市场、健全国有土地利用规划和分类经营模式，为城乡一体化发展和新型城镇化推进提供重要制度保障。从以增量国有土地经营为主转向以存量国有土地经营为主、探索国有土地"管办分离"模式，是国有土地经营体系创新的两大方向。为此，需要在征地制度改革、土地储备中心定位、国有土地资本化经营和工业用地经营模式调整等方面，制定有利于国有土地新型经营体系形成和完善的政策。

一、新型国有土地经营体系构建的原则

（一）正确处理市场和政府的作用

在现行国有土地经营体系中，政府尤其是政府部门既负责土地

管理，又以土地所有者身份负责国有土地的经营。既是裁判员角色，又是运动员角色。管理职能服务于中央政府，经营职能服务于地方政府。政府公共服务职能的削弱，势必强化投资经营的职能，导致中央政府严格保护土地目标无法落实。由于地方政府承担土地经营的职能，它变得越来越像一个经营土地的公司，追求土地收益最大化。卖地机制成为政府主导的传统增长模式的工具，它自身的运转和当地发展也变得越来越离不开土地，危及经济社会健康发展。

在"征地—卖地"模式下，政府不仅是农地转变为市地的唯一仲裁者，拥有从农村获得土地转换给城市使用的排他性权力。伴随土地转变用途，政府又是土地市场中出让建设用地的唯一寡头，替代农民集体成为土地的所有者和城市土地的经营者。土地进入非农建设使用的一进一出的两个通道完全由政府控制，土地差价成为政府收益。非市场的土地配置方式，使土地拥有者和土地使用者直接交易的机制被阻断，城市建设用地市场缺少平等的土地权利体系支撑，使资源的稀缺程度不能通过公平的市场交易形成的价格信息得到真实反映，带来土地资源利用的粗放、浪费，也造成制度性腐败。土地非市场配置还强化了建设用地指标和计划控制，使土地价格扭曲，灰色市场出现，开放、竞争、统一、有序的市场缺失，地方经济发展中的土地供求失衡。

新型国有土地经营体系的构建，关键是要重新理顺市场和政府在土地市场中的作用和角色。总体方向是在政府依法合理有序行使土地利用规划权和用途管制等法定权利的前提下，发挥市场机制在土地资源配置中的决定性作用。第一章已经提到，国有土地的用途管制已经沦为僵化的所有制管制和位置管制，需要引入市场和法治的力量增强其弹性。首先要增强土地总体利用规划和年度规划的法律性和强制性，严格禁止地方政府借各类理由修改土地利用规划，另外在制定土地利用规划和实施用途管制权时，一定要注意引入市场机制和公众参与机制，使规划充分反映民意，在规划调整阶段要充分听取各方利益诉求。其次，要建立符合现代土地治理体系和我国当前发展阶段的用途管制制度。最后，提高市场机制在土地资源配置中的决定性作用，一是建立土地无偿划拨出让的负面清单制，除非清单上的土地出让用途（比如军事基地、政府办公用房等），其他类型土地一律进行"招拍挂"出让，尽可能减少政府在土地市场的干预程度。二是建立城乡建设用地"同地同价同权"体系，集体经营性建设用地跟国有土地一样进入市场，打破地方政府垄断城市土地供应的局面。

（二）提高国有土地现代治理能力

十八届三中全会把"推进国家治理体系建设和治理能力现代化"作为未来改革的总目标，笔者认为建立现代土地管理制度和经营体系，是推进国家治理体系建设的重要方面。同样，提高国有土地现代治理能力，也是推进国家治理能力现代化的重要方面。因为一个国家的土地管理制度和经营体制可以集中地反映国家的执政理念，包括国家与集体、个人之间的土地权利安排。同样，土地管理制度和经营体制的变迁也能反映国家治理体系的变动，改革开放以来我国土地管理制度发生了重大变化，农村土地制度从最初的"所有权、使用权和收益权全部归集体所有"到联产承包责任制实施的

"所有权归集体、承包经营权归农民"一直到现在的"所有权归集体、承包权始终归农民、经营权可依法流转"的"三权分离"以及集体经营性建设用地可依法入市，享受跟城市国有土地同样的权利待遇，这些重大制度变迁和经营模式创新都体现了国家治理能力提升和治理体系现代化。未来要建立新型国有土地经营体系，关键就在于提高政府的国家治理能力。

二、国有土地经营体系创新的方向

（一）修改僵化的土地用途管制制度，增强弹性

土地用途管制是我国土地管理体制最重要的特征，各地区严格按土地利用规划，分为居住区、工业区、商业区等区域。目前，国内对用途管制制度有一定误解，认为是世界各国普遍的做法，我国也必须严格按照用途管制原则进行土地管理。但事实上，许多发达经济体都修改了原先僵化的土地管制制度，使之更适应社会经济发展形势变化对土地利用管理的新要求。比如，美国在 1947 年建立了"浮动分区"（float zoning）制度，改变了 1885 年建立的土地使用分区管制规划（最早在旧金山市实行）。2000 年以来，新加坡建立了"白色区域"制度。这些都是产业升级、土地利用效率提高的必然要求。因此，从提高土地利用效率、促进产业升级、实现城市更新等角度出发，有必要重新审视原先僵化的土地用途管制，增强用途管制的弹性，在一定区域范围内，经合法手续，可合理改变原先的分区，或允许重新分区，或允许在原先区域内赋予由需求者自

主决定的区域规划权。

（二）健全存量国有土地经营机制，"控增逼存"

"控增逼存"是我国在新型城镇化推进过程中，国有土地经营体系调整的重要方向。2013 年，我国常住人口城镇化率为 53%，户籍人口城镇化率仅为 35%。假定未来数十年内常住人口城镇化率达到 70%，户籍人口城镇化率达到 55%，则将有约 2.3 亿人从农村地区转移到城镇区域。如果按照过去的城镇化推进模式，届时全国城镇建成区面积将增加 30%。因此，尽管未来的人口转移和城镇化推进，城镇建成区面积仍需要扩展，但更重要的是要挖掘存量国有土地的潜力，提高存量国有土地对人的吸纳能力和经济贡献能力，而不能延续"摊大饼式"的城镇土地扩张模式。

（三）国有土地分类经营、"管办分离"的模式

政府集国有土地管理和经营职能于一体，是当前国有土地经营体系中的一个突出弊端。受政府自身利益的驱使，事实上经营权不断强化，规划和管理权让位于经营权，这是目前国有土地管理体系混乱、规划利用体系不统一的重要原因。从国际经验看，绝大多数经济体（也有香港地区等少数例外）都侧重国有土地的规划利用和管理体系建设，经营国有土地的目标主要不是为了获取经济利益，而是服务从规划和管理体系。我国未来也要逐步转向"管办分离"的模式，从以经济利益为导向的土地经营转向以公共利益为导向的土地管理，并针对不同用地类型，进行分类经营，政府主要经营具有较强公共利益性质的国有土地（比如，基础设施用地、城市绿地

等），对这类用地可以行使征地权。但要把工业用地和居住用地等营利性质较重的国有土地，如果这些国有土地是处在实际使用状况，就把它逐步纳入市场化谈判机制，政府通过完善征税体系来替代初始的出让收入获取。

三、构建新型国有土地经营体系的基本途径

（一）改造国有土地储备中心，负责公益性用地管理

各级政府的土地储备中心作为国有土地资产管理最重要的机构，在保障土地资源有效利用、发挥土地资产支撑现代化进程以及土地资产保值增值等方面，发挥了积极有效的作用。但围绕抵押融资而暴露出来的各类风险也在不断积累，加上各级政府的融资过程还存在相当的不透明性，潜在风险很大。建议把国有土地储备中心的经营职能剥离出去，专职负责用于管理公益性、政策性用途的国有土地。未来公益性用地的来源主要有两块，一是通过征地形成的新增国有土地中，要划分一部分土地用于公益用途；二是在都市更新或旧城改造过程中，在更新后的土地总量中要留出基础设施、公共绿地等公益性用地空间。国有土地储备中心就专门负责这些公益性用地的储备和利用，其功能相当于美国土地管理署。

按照"管办分离"原则，在把经营土地的职能剥离出去以后，进一步明确和细化各级土地管理部门要行使的土地管理职能。主要职能为：严格实施土地利用规划，加强土地用途管制，切实落实耕地保护；加强制度性基础设施建设，完善不同土地资源的确权、颁

证和登记工作，平等保护各类土地产权；搭建交易平台，制定交易规则，规范交易行为，实施地价管理，构建城乡统一的土地市场。强化土地依法管理，加大土地督察、监察和违法惩处力度。

（二）新建国有土地经营公司，负责经营性用地运作

国有土地的经营功能从储备中心脱离出来后，按照"管办分离"的原则，参照国有企业改革的经验，可以考虑成立类似国资委那样的国有土地资产管理委员会，作为政府机构，专门负责组织领导经营国有土地方面的工作。同时，成立国有土地公司等经济组织，把需要经营的国有土地交给他们参与市场运作，或转让，或出租，或联营，或入股，负保值增值的责任，并向国家财政上缴土地收益。这些经济组织作为市场主体，按照统一的市场规则，接受政府的调控和监管。作为国有公司，还要接受新成立的国有土地资产管理委员会的管理和指导，必要时也要服从国家的要求，承担一定的土地参与宏观调控的责任。

具体做法是，每个省市新建一家或若干家国有土地经营公司，或成立国有土地经营基金。这些国有土地经营公司按照市场化原则，雇佣专业的经营团队，来负责经营性土地的运作，包括这些土地的抵押贷款以及允许在公开债券市场上由银行代发土地债券。土地抵押贷款和发行土地债券的资金，统筹用于国有土地收储和维护。另外，为避免金融和财政风险累积，建议国家正式出台《国有土地经营办法》，要建立规范的土地收储、抵押程序，实行需求导向的土地收储数量控制，再由土地收储的成本，来确定公开发行的土地债券以及抵押贷款水平。其好处是，通过土地债券市场价格的

波动，来揭示国有土地资产的质量和风险，另外土地抵押贷款的发放也要接受银行严格的资本金和还款周期要求，把金融风险控制在一个合理的安全区间内。

（三）探索实施工业用地的弹性出让和年租制

分类管理是国有土地经营方式创新的重要途径，有利于大幅提高各类用地利用效率和土地二级市场活跃度。建议在现阶段对工业用地的管理采取弹性出让制和年租制，区别于居住用地和基础设施用地的固定出让期限制。规定今后所有新增工业用地的出让都实行弹性出让制，根据不同产业需要，签订 5～30 年不等的租期，租金不用一次性付完，可以每年付一次，但租金水平不能低于最低价格保护值，并严格执行"招拍挂"出让政策，真正实现十八届三中全会《决定》提出的"建立有效调节工业用地和居住用地合理比价机制，提高工业用地价格"的目标。对企业来说，尽管年租金水平上升了，但从一次性支付改为一年一付，极大地减轻了企业资金成本和财务负担。对政府而言，可以根据各产业的兴衰周期，建立更灵活的工业用地调整机制，将工业用地及时地从低效企业转移到高效企业，在这个过程中还将获取全部的工业用地增值收益。

（四）改革征地制度，建立国有土地出让收入的基金制

征地制度作为新增国有土地形成的其中一类途径，尽管比重会逐步下降，但在相当长一段时期内仍会存在。在征地制度改革中，除了通过提高给被征地农民的留用地比例，增加土地增值收益的分享比例外，更重要的是建立一项激励相容制度，使地方政府逐步减

少对当年土地出让收入的依赖，这才能削弱征地的内在动力。笔者建议从建立国有土地基金作为一个重要突破口，推进现阶段征地制度改革。首先要明确国有土地经营收益不能成为政府财政的当期盈余。从事土地经营的机构获得的国有土地出让收益，应进入与政府财政相分离的专门账户，由专门机构统一管理。土地出让收益的使用应经过本级人民代表大会审批。其次，对于土地出让收入的支出项目和经费使用情况，要交地方人大审核，保证这笔资金使用的更透明、更合理、更长远。最后，国有土地出让收入在支付完抵押贷款和赎回土地债券外，把剩余的出让收入放到国有土地基金中，基金用途主要是调剂历年出让收入和支付抵押贷款和赎回土地债券之间的收支差额，地方政府和其他机构都不得随意动用这笔基金。从台湾地区①和香港地区的经验来看，各地区建立国有土地基金，对保障跟土地相关的政府资产负债表的长期平衡并降低地方政府对当年土地出让收入的依赖，都有重要作用。

（五）发挥土地利用规划的总领作用，实现"三规合一"

长期以来，我国一直就存在"三规不合一"（经济社会发展规划、城乡建设规划以及土地利用规划）的问题，这是出现我国城市规划变动较大、科学性和严肃性都不足的重要原因。这三个规划分别由发改委、住建部和国土部来制定，但依据和重点各有不同，经济社会发展规划和城乡建设规划侧重短中期，土地利用规划侧重中长期，另外，前两个规划由地方政府来制定，土地利用规划是国土

---

① 台湾地区的土地基金叫"平均地权基金"，从 1958 年起开始征收。

部统一布置。随着国有土地经营体系从增量向存量转移，都市更新过程中更需要规划的正确引领。最后从国际经验看，也都是在土地利用规划的基础上再制定其他规则，土地利用规划是"元规划"。建议在国家层面协调这三大规划，考虑到土地利用规划的长期性和受地方政府利益干扰较小的因素，可建立以土地利用规划为主、其他两个规划为辅的全国规划体系，严格按不同土地的用途管制来制定城市规划和经济社会发展规划。

建议在国家和省级层面，建立以国土空间开发、区域空间发展和基础设施合理支撑的新型国土规划，籍此平台，统一现行的土地利用总体规划、城镇体系规划、主体功能区规划和其他空间性较强的部门发展规划，指导市级以下的空间规划和管理。在市县级层面，以土地利用总体规划为平台，统一现行的城乡规划，生态功能区等空间规划，指导该行政区域未来土地利用和空间发展的基本格局。在乡镇层面，分别整合现行的各部门规划，形成土地用途管制和城乡建设规划的具体落实。

在制定和实施国土利用规划过程中，要体现更强的法治性和包容性。我国目前的土地利用规划和城市规划，由政府组织编制，并允许政府按照编制程序修改规划。结果，相当多数的地方政府在规划颁布实施不久，就要求修改规划，使规划的严肃性和制约作用形同虚设。建议将各级土地利用规划和城市绘画上升为法律，由同级人民代表大会批准颁布，政府只有实施规划的义务，没有修改规划的权力。人大制定和修改规划，要遵循科学的程序并发扬民主，广泛听取政府和社会公众的意见。

附录 深化我国土地管理制度改革的重点和突破口[①]

土地管理制度改革是带有全局性意义的改革，事关我国未来发展和稳定的大局。我国现行的"城乡二元、政府主导"的土地管理制度，为工业化、城镇化的快速推进和经济增长作出了巨大贡献，但也积累了许多深层次的矛盾和冲突，亟须找到新的改革突破口。党的十八届三中全会召开之前，社会各界对土地管理制度改革高度关注，期望很高。十八届三中全会通过的《中共中央关于全面深化改革若干重大问题的决定》（以下简称《决定》）中关于土地管理制度的改革内容，触及了现行土地利用和管理制度中的诸多核心问题，指明了未来我国土地制度改革的基本方向、趋势和突破口，其意义深远。

一、市场在资源配置中起决定性作用、更好地发挥政府作用，这指明了未来土地制度改革的基本方向

目前，我国的土地市场是不完整的，虽然建立了市场化的土地市场，但实际上基本是在政府主导和支配下的扭曲性市场。以政府配置土地资源为主的现行制度，是针对我国国情设计的。一方面，面对我国土地资源稀缺的总体国情，力图通过政府配置资源来压低

[①] 本节是在任兴洲、邵挺发表在 2014 年 2 月 19 日《大连日报》上的"深化土地制度改革"文章基础上进一步扩展而成。

土地价格，进而保证工业化快速推进对土地的巨大需求。特别是改革开放以来，我国工业化进程明显加快，在承接国际制造业转移过程中，我国加工制造业迅速扩张，逐步成为制造业大国，对建设用地的需求迅速增加。较低的土地价格，确实促进了包括制造业在内的各类产业较快发展。另一方面，以政府主导来配置土地资源，是力图通过巨量的土地出让收益和土地抵押贷款，加大城市基础设施建设和相关公共服务的投资力度，尽快推进城镇化。实践表明，现行土地管理制度也确实发挥了促进我国工业化、城镇化进程的作用。但是，这种制度的弊端也越来越明显，政府主导土地资源的配置，市场不能发挥配置土地资源的决定性作用，由此带来一系列问题。例如，造成土地资源利用效率低下。我国土地资源非常稀缺，但城镇工业用地和基础设施建设用地的集约化利用程度则很低。制造企业追求花园式工厂，城市追求宽马路、大广场，政府办公楼求洋求大上档次。其根本原因，就是这些土地不是通过市场化方式配置的，而是大量采用政府划拨和协议出让的方式供给，或者几乎不出地价，或者地价被压得很低，导致大量土地的浪费性使用。另外，现行制度还造成土地利用结构和价格的扭曲。由于土地非市场配置的比例较高，城镇房地产和商业经营性用地所占份额被挤压，而需求又很旺盛，因此，导致房地产用地和商业经营用地市场价格畸高，进而推动了房价不断高涨。政府在工业用地中因低价出让的收益损失，要依靠房地产等商业用地价格的不断上涨来平衡整体收益，使土地利用结构和价格出现严重扭曲。我国要转变经济发展方式，改变粗放式增长模式，就必须改革现行的土地资源配置方式，由完全由政府主导供给，转向由市场主导的资源配置，促进土地资源配置结构的调整，促进发展方式的转变。当然，在土地管理领域里，还要更好地发挥政府的作用，主要是在包括国土空间规划、土地产权地籍管理以及土地增值收益的合理调节等方面的作用。

在土地资源配置方面，厘清市场和政府的关系，可以使土地市场发育更加健康，经济发展更加可持续。未来的生态文明建设、耕地保护、粮食安全等，都要依托政府对土地资源的有效管理。所以说，在土地管理领域处理好政府与市场的关系，是在经济社会领域处理好政府与市场关系的重要组成部分。

二、建立城乡统一建设用地市场是土地制度建设方面的重大突破

《决定》提出，加快土地管理制度改革，"建立城乡统一的建设用地市场。在符合规划和用途管制的前提下，允许农村集体经营性建设用地出让、租赁和入股，实行与国有土地同等入市、同权同价"。而在十七届三中全会决定中的提法是逐步建立城乡统一的建设用地市场。这一次取消了"逐步"两个字，明确了要打通城乡两个建设用地市场的改革任务。

第一，允许农村集体经营性建设用地与国有土地同等进入市场。《决定》中强调允许农村集体经营性建设用地进入市场。农村集体经营性建设用地主要包括：现在已经是存量的、在从事非农建设的集体建设用地，原来允许农民自用创办乡镇企业的集体建设用地等，可以合法进入土地市场。实际上，近些年来，我国珠三角、长三角、环渤海等沿海和经济比较发达地区，已经有大量的农村集体经营性建设用地用于工业和其他产业的发展，城乡结合部和已经

进入城市、从事经营用途的农村集体建设用地也已经进入市场。目前的改革任务，是要使这些农村经营性建设用地合法地、公开透明地进入市场，并且必须要建立有效的市场形式和市场规则并保证农村集体经营性建设用地市中"同权同权"。集体经营性建设用地也与国有建设用地一样，可以转让、抵押、入股等，即两种所有制土地在权能上应该是一样的。

第二，缩小征地范围，规范征地程序，完善对被征地农民合理、规范、多元保障机制。未来我国推进工业化和城镇化，仍然需要不小的土地规模，但总体上要缩小征地范围。动辄征收大量土地的行为会受到限制。完善征地程序，主要是指除了保障农村集体和农户的知情权、参与权和监督权外，最重要的是要建立集体谈判机制，让土地需求主体与农村集体就土地征地价格进行协商谈判，在双方谈不拢的情况下，启动征地程序。所谓建立合理、规范、多元保障机制，是指要对征地对象进行合理价格补偿。在规范程序和补偿到位的前提下，符合相关法律规定才能征地。多元化保障是指除了货币补偿外，还应该在城镇社保等方面给予相应补偿，更多采取"留地安置"（征完地后，留一定比例的地给农民）的方式，其核心是使农民更多地分享土地增值的收益。

第三，减少非公益性用地的划拨，扩大国有土地有偿使用范围。在现行的土地资源配置中，划拨的比重仍然很大。扩大城市建设、修马路、建广场、基础设施建设、教育、医疗、保障房等用地基本都采取国有土地划拨方式，土地实际利用效率低下，浪费严重。未来除了军事、国防、教育、文化、国家安全、社会保障等真正属于公益用途的领域之外，都应按有偿使用的原则，公开在市场上出让，不能再实行无偿划拨，扩大国有土地有偿使用范围，让市场在土地资源配置中起决定性作用。

第四，促进土地抵押、转让、担保的二级市场发展。按照现行的土地管理体制，用地者只要拿到土地，国有土地的增值收益就是"谁占谁得"。例如，一些工业用地的出让年限是50年，但期间有些企业破产倒闭，这些工业用地往往就转为商业用地或由破产企业囤积、高价转让土地。未来要建立规范、透明的土地租赁、转让、抵押等二级市场，所有城镇建设用地转让，都需统一进入规范的土地二级市场中进行交易。二级市场交易活跃对土地一级出让市场也将产生很大的促进作用。

第五，建立工业用地和商业用地的合理比价关系。国土资源部于2004年就曾规定工业用地出让要全面实行"招拍挂"方式，但事实上，多年来大多数地方工业用地仍然采取非市场的、基本上是以成本价协议出让的方式，导致工业用地和商业用地的出让比价差异过大。今后改革的方向应是建立工业用地和商业用地的合理比价关系。对此，一些专家建议：一是要改变现行工业用地一次性出让几十年使用权的供地方式。政府可以采取年租制的方式对工业用地进行供应。可签若干年的合同，每年按土地市场的变化收取租金；二是城乡统一的建设用地市场建立后，在规划允许和符合用途管制的前提下，工业用地可以直接由集体经济组织出租给用地者。

三、赋予农民更多财产权利是土地管理制度改革的落脚点

现行土地管理制度规定，允许农民对承包地占有、使用、收益和流转。这次《决定》又新增加了承包经营权的抵押和担保功能。

此外，允许农民以承包经营权入股的方式参与现代农业的经营。具体来说，这次决定赋予了农民以下几类财产权利。

一是赋予农民对集体资产股份占有、收益、有偿退出及抵押、担保和继承权。在农村集体经济中，原来的农村集体资产，按规定同一集体组织内部的农民都有份，但往往集体资产被少数人支配或占有，要通过改革改变这种状况。首先要保证集体组织所有成员拥有平等的权利，具体来说，就是利用股份合作制来实现农民集体资产股份占有、收益、退出等权利。同时，农村集体资产可抵押、担保，使得农村集体经济组织和农民从事农业和非农产业可获得金融支持，从而缓解以前农村因缺乏抵押物造成的金融支持缺乏的问题。

二是保障农户宅基地的用益物权。《决定》指出，"保障农户宅基地的用益物权，改革完善农村宅基地制度，选择若干试点，慎重稳妥推进农民住房财产权抵押、担保和转让，探索农民增加财产性收入渠道"。所谓用益物权，是指非所有人对他人之物所享有的占有、使用、收益的排他性权利。用益物权着眼的是财产的使用价值，注重财产价值形态的支配和利用。它适应了商品经济要求扩大所有权、扩展财产使用价值的需求，对于满足当事人的需求，充分发挥物质资料的效能、促进社会经济的发展，都具有重要作用。农户的宅基地使用权就是用益物权。所有权是农村集体的，但使用权和占有权是农户的。农户可以居住使用。这次《决定》提出在慎重稳妥、选择试点的前提下，推进农民住房财产权抵押、担保和转让，探索农民增加财产性收入渠道，是对这类用益物权价值实现的进一步探索。

三是建立农村产权流转交易市场。当前农村各类资产非正规、非法流转现象比较严重，大量集体资产被少数人支配的情况也屡有发生。建立农村产权交易流转市场，首先是要界定农村的产权，如承包地、宅基地上的农民住房、林地、房屋、集体资产等。农村产权交易一定要在规范的有形交易市场里进行公开、公正、透明的交易，使农村集体资产产权有合法规范的实现渠道，农民也可以分享到合法、合理的产权收益。

四是建立兼顾国家、集体、个人的土地增值收益分配机制，合理提高个人收益。这是增加农民财产权益的重要途径。"兼顾国家、集体和个人的利益"，核心是要改变目前三者之间不合理的分配格局，提高个人在土地增值收益中的比例。当然，土地增值收益的产生是由多种因素决定的，有规划和用途管制、基础设施投资、农民土地产权，还有城市化过程中的产业人口集聚程度等。因此，土地增值收益也不能全部分配给农民，必须兼顾国家、集体、个人三者利益，在三者之间合理分配。

参考文献
References

[1] Anderson, John E. The Chinese Municipality Land Leasing Problem. Unpublished paper presented at the All China Economics Conference. City University of Hong Kong, 2009.

[2] Anderson, John E. Financing Urban Development in China. The Chinese Economy, 2009 (42), 48 – 62.

[3] Anderson, John E. The path to Property Taxation. Chapter 8 in China's Local Public Finance in Transition. edited by Joyce Yanyun Man and Yu – Hung Hong. Lincoln Institute of Land Policy, 2010.

[4] Anderson, John E. Land Lease Revenue and Urban Public Finance: Evidence from Chinese Cities. Paper presented at International Symposium on China's Urban Development and Land Policy, 2011.

[5] Anderson, John E. Chinese Municipality Land Leasing: Economic Development and the Sustainability of Public Finance. Paper presented at Lincoln Institute of Land Policy, 2012.

[6] George Coggins, Charles F. Wilkinson, John D. Leshy, Robert L. Fischman. Federal Public Lands and Natural Resources Law. Foundation Press (sixth edition), 2007.

[7] Guangzhong Cao, Changchun Feng and Ran Tao. Local 'Land Finance' in China's Urban Expansion: Challenges and Solutions. China & World Economy, 2008 (16), 19 – 30.

[8] Ingram, G. K. and Yu – HungHong. Municipal Revenues and Land Policies. Lincoln Institute of Land Policy, 2010.

[9] Ladd, H. F. Local Government Tax and Land Use Policies in the United State. Edward Elgar Publishing. Inc, 1998.

[10] LIWei, and Weijun Ma. Government Intervention in City Development of China: A Tool of Land

Supply. Land use Policy, 2009（34），599 – 609.

[11] Ross W. Gorte, Carol Hardy Vincent, Laura A. Hanson, Marc R. Rosenblum. Federal Land Ownership: Overview and Data. Congressional Research Service, 2012.

[12] Richards, David A. Development Rights Transfer in New York City. The Yale Law Journal, 1972 （82），338 – 372.

[13] Rick Pruetz, FAICP and Erica Pruetz. Transfer of Development Rights Turns 40. American Planning Association Planning&Environmental Law, 2007（59），3 – 11.

[14] Rahl, Roy and Jorge Martinez – Vasques. Fiscal federalism, Economic Reform in China in Wallack and T. N. Srinivasan ed. Federalism and Economic Reform. Cambridge University Press, 2006.

[15] Ran Tao, Fubing Su, Mingxing Liu and Guangzhong Cao. Land Leasing and Local Public finance in China's Regional Development. Urban studies, Published SAGE, 2010.

[16] 陈锡镖. 内战前美国国有土地开发的经济影响. 复旦学报（社会科学版），1997（5）

[17] 冯文利，黄成. 美国公共土地管理模式的发展概况. 国土资源报，2008 – 05 – 26

[18] 姜密. 唐宋时期国有土地经营方式的变化及其原因. 河北师范大学学报，2010（3）

[19] 胡存智. 城镇化中的土地管理问题. 行政管理改革，2012（11）

[20] 胡存智. 中国经济：新时期和新动力. 在第二届岭南论坛的发言，2013

[21] 洪朝辉. 土地投机与城市化的比较研究：美国的历史借鉴. 城市史研究，1997（13 – 14）

[22] 黄小虎. 政府对土地的经营和管理职能必须分离. 21 世纪经济报道，2013

[23] 侯外庐. 中国封建社会土地所有制形式的问题. 历史研究，1954（1）

[24] 康雄华. 城市国有土地资产经营模式研究. 华中农业大学硕士学位论文，2003

[25] 李埏，武建国. 中国古代土地国有制史. 昆明：云南人民出版社，1997

[26] 刘守英. 中国土地制度改革的重点和突破口. 中国改革，2013（10）

[27] 刘守英. 直面中国土地问题. 北京：中国发展出版社，2014

[28] 刘利刚、陈少强. 中国应允许地方政府举债吗？. 世界经济，2006（4）

[29] 刘彦随等. 中国乡村发展研究报告——农村空心化及其整治策略. 北京：科学出版社，2011

[30] 石忆邵等. 国际大都市建设用地规模与结构比较研究. 北京：中国建筑工业出版社，2010

[31] 满燕云. 中国地方土地财政概况. 北大—林肯中心研究简报，2010（1）

［32］许翠丽．新加坡土地管理经验及其启示．广东国土资源杂志，2011（2）

［33］新加坡土地管理局．新加坡国有土地租赁、出售办法文件汇编，www.sla.gov.sg

［34］汪晖，陶然．论土地发展权转移与交易的"浙江模式"——制度起源、操作模式及其重要含义．管理世界，2009（9）

［35］杨庆媛．土地发展权转移与交易的创新探索 ——以重庆市为例．会议论文，北大—林肯中心土地制度改革论坛——中国土地制度改革：来自地方的创新与梳理，2010

［36］严之尧．"三保"寻新路、改革再深化．中国国土资源报，2013-10-09

［37］殷崇浩．中国封建社会土地制度演变研究．香港：香港天马出版社，2012

［38］野口悠纪雄．土地经济学．北京：商务印书馆，1997

［39］赵冈，陈仲毅．中国土地制度史．北京：新星出版社，2006

［40］张千帆．城市土地"国家所有"的困惑与消解．中国法学，2012（3）

［41］赵俪生．中国土地制度史．济南：齐鲁书社，1984

［42］朱道林．土地基金何去何处．中国土地，2001（10）